LA NOUVELLE CAUSE DES FEMMES

GISÈLE HALIMI

LA NOUVELLE CAUSE DES FEMMES

ÉDITIONS DU SEUIL
27, rue Jacob, Paris VIe

CE LIVRE EST ÉDITÉ PAR PATRICK ROTMAN

ISBN 2-02-031973-X

Pour Maud-Tahfouna, ma petite-fille,
citoyenne en l'an 2010

**Mes plus affectueux remerciements
à Mylène Gonthier-Grissa
pour son aide et sa fidélité.**

« [Les hommes]... n'ont-ils pas violé le principe de l'égalité des droits, en privant tranquillement la moitié du genre humain de celui de concourir à la formation des lois, en excluant les femmes du droit de cité ? »

Condorcet, *Sur l'admission des femmes au droit de cité*, 1789.

« Si l'égalité entre les deux sexes était reconnue, ce serait une fameuse brèche dans la bêtise humaine. »

Louise Michel, 1886.

« La femme est assez proche de l'homme, comme l'épagneul breton. A ce détail près qu'il ne manque à l'épagneul breton que la parole, alors qu'il ne manque à la femme que de se taire. Par ailleurs la robe de l'épagneul breton est rouge feu et il lui suffit d'une.
Dépourvue d'âme, la femme est dans l'incapacité de s'élever vers Dieu. En revanche, elle est généralement pourvue d'un escabeau qui lui permet de s'élever vers le plafond pour faire les carreaux. C'est tout ce qu'on lui demande. »

Pierre Desproges.

« [...] La politique, dit-on, n'intéresse pas les femmes. D'abord qu'est-ce que la politique ? »
« [...] La politique, c'est la question de la paix ou de la guerre, c'est la question des arrangements sociaux, c'est la question des rouages administratifs qui vont du département à la commune, de l'État à l'individu ; de la politique enfin dépend la forme du gouvernement. »
« [...] Mais il faudrait que nous soyons des créatures folles et insensibles, pour ne pas nous occuper de politique ! »

Hubertine Auclert, 1878.

« Ce qui vient au monde pour ne rien troubler ne mérite ni égards ni patience. »

René Char.

Avant-propos

Femmes savantes, experts chevronnés s'abstenir…

« Imaginez qu'un beau matin, au réveil, vous découvriez une France totalement différente de ce qu'elle est et de ce qu'elle a toujours été. Le président de la République ? Une femme. Le président de l'Assemblée nationale ? Une femme. Au Sénat, une présidente. Au gouvernement, un Premier ministre "Première" ministre… Et entourée de 90 % de ministres… femmes ! La Cour des comptes, le Conseil d'État [1], le Conseil constitutionnel ? Tous présidés par des femmes. A l'Assemblée nationale, presque 95 % de femmes députées ; le petit restant, 5,6 %, dévolu… aux hommes. Même topo au Sénat, ou presque, et, à la tête des 22 conseils régionaux, 20 femmes et 2 hommes… »

Une courte pause avant de reprendre l'énumération. Je la veux implacable. Belle salle, ce jour-là – journalistes, assistants parlementaires, chargés de relations publiques, en majorité masculins –, pour la conférence de presse du Mouvement des citoyens et de Choisir la cause des femmes [2] qui présen-

1. Le Conseil d'État est *en titre* présidé par le président de la République. Mais, en fait, par son vice-président : un autre homme !…

2. Mouvement féministe fondé en 1971 par Simone de Beauvoir, présidente fondatrice, Christiane Rochefort, Delphine Seyrig, Jean Rostand (de

tent une liste commune (et paritaire) aux Européennes. Jean-Pierre Chevènement[3] semble grave, Edmonde Charles-Roux affiche ce sourire aristocratique qu'on lui connaît, l'impromptu lui fait dresser l'oreille. Sur ma droite, un murmure (masculin) : « Mais c'est un vrai cauchemar ! »

« Pour les villes importantes – plus de 20 000 habitants –, il y aurait 34 femmes maires sur 35... » J'en ai assez dit, j'arrête ma litanie. D'autant qu'au fur et à mesure que je balance, volontairement répétitive, mon « Imaginez, messieurs... », je sens s'installer une étrange atmosphère. Mélange de stupéfaction, de curiosité et aussi – c'est évident – de crainte. La planète-femme exécutait et réussissait son raid en politique. Avec effets spéciaux... Celle des hommes, à des années-lumière de ce « cauchemar », se trouvait prise au dépourvu, engluée dans ce miroir inversé. Un certain silence signifia que le gag – si gag il y avait – n'amusait guère.

« Vous semblez surpris, messieurs... Mais ce que vous appelez cauchemar, c'est notre réalité quotidienne, à nous, les femmes ! »

On respira. C'était donc cela ! « Cette réalité intolérable, cette injustice majeure en démocratie, nous voulons y mettre fin... »

De quelques mots, je résumais la double exception fran-

---

l'Académie française) ; présidé notamment par Jacques Monod (prix Nobel des sciences). Je le préside aujourd'hui.

Il s'est illustré dans la lutte des femmes pour choisir de donner la vie, contre le viol, et pour l'intégration à part entière, sociale et économique des femmes dans la société. Il a à son actif des procès importants (Bobigny 1972, Aix-en-Provence 1978), des publications connues, l'organisation de grands colloques internationaux à l'Unesco, dont le dernier, en 1993, intitulé « La démocratie pour les femmes : un pouvoir à partager ».

« Choisir » est une ONG (organisation non gouvernementale) à statut consultatif près de l'ONU.

3. Député-maire de Belfort, président du Mouvement des citoyens, ministre de l'Intérieur depuis juin 1997.

çaise, les chiffres de la participation féminine dans les assemblées élues de la République et le refus – misogyne et constant pendant plus d'un demi-siècle – de la classe politique dans son ensemble d'y apporter le moindre remède. Que la France, dont les femmes avaient obtenu – les 25ᵉ dans le monde – le droit de vote en 1944, se contentât avec un certain naturel d'une participation parlementaire féminine de 5,3 % surprit cependant quelque peu ce jour-là.

Pays qui avait réussi à élire moins de femmes au Parlement en 1993 qu'en 1946, lanterne rouge de l'Europe, 72ᵉ dans le monde, loin derrière, par exemple, l'Ouganda, le Bangladesh ou le Honduras..., cela pouvait-il chatouiller l'orgueil national ? Ou bien l'orgueil national se niche-t-il plutôt dans l'existence – en politique – d'une véritable hégémonie masculine ?

A l'étranger, au Conseil de l'Europe comme dans les universités américaines, les chiffres hexagonaux laissent perplexes... On s'interroge, on veut une explication logique, historique. Comment ? Pourquoi ? Par quel étrange avatar, les Lumières, la Révolution, l'égalité... bref, tout ce bagage libertaire que nos va-nu-pieds superbes, de Valmy et d'ailleurs, ont essaimé dans un monde ébloui, a-t-il abouti à l'exclusion de la vie publique de ces Françaises, elles qu'on s'entêtait cependant à appeler, comme par dérision, « citoyennes » ?

Pourtant, citoyennes par la mort, elles le furent. Alors que leur était dénié le droit de l'être par le vote ou l'élection, comme les citoyens. Pendant la Révolution, Olympe de Gouges, auteure de la *Déclaration des Droits de la Femme et de la Citoyenne*, monta à l'échafaud pour des idées que la Déclaration des Droits de l'Homme et du Citoyen ne lui permettait pas d'exprimer à la tribune. Manon Roland connut le même sort. Sophie de Condorcet, puissamment soutenue par le philosophe, son mari, Claire Lacombe ou Théroigne de Méricourt réclamèrent, ***en tant que femmes***, d'être reconnues ***comme tout homme citoyen***, bénéficiaires des mêmes droits.

En vain.

Dès la fin du XVIIIe siècle, et après les abus d'une royauté forte de sa loi salique et de son pouvoir absolu, on fit appel à un universalisme rédempteur. Une théorie généreuse, progressiste et humaniste. Une théorie, cependant, qui n'avait de sens – comme toute théorie dans ce domaine – que si elle parvenait à une ***pratique*** rigoureusement égalitaire. L'universalisme veut que chaque « homme » – traduisez « chaque individu » – reconnaisse en l'autre un autre « homme », son égal. Droits, dignité, fraternité. Chaque individu, chaque être humain, ça veut dire – ça devrait vouloir dire – la femme, aussi.

Les gardiens en orthodoxie universaliste soutiennent que leur théorie est parfaitement compatible avec la quasi-exclusion des « citoyennes ». Pire, par une perversité du raisonnement, ils l'utilisent comme un instrument de déni de l'existence d'***autres*** citoyens, les femmes, et rejettent farouchement la réalité de l'identité ***sexuée*** de la population.

Le résultat aujourd'hui, c'est un Parlement masculin à 90 %, décidant de l'avenir de toutes et tous, hommes et femmes de ce pays [4]... Vous avisez-vous de dénoncer cette caricature de démocratie ? Criez-vous à l'injustice républicaine, à la discrimination intolérable ? Décidez-vous de lutter contre ce rejet des femmes de la décision politique ? Réponse – des théologiens universalistes – en forme de bâillon : l'universalisme a fabriqué, a poli ***le*** citoyen. Individu abstrait, sans couleur, sans race, sans religion et surtout sans sexe. Il n'y a pas de citoyennes. Seuls les citoyens – qui, sous couvert d'abstraction, englobent, ou plutôt phagocytent, les citoyennes – ont droit de cité. On a dit « les femmes et les hommes sont égaux ». Vous n'êtes pas admises à établir le contraire. Circulez, y a rien à voir... Vous hurlez que vous,

4. Résultats des élections législatives du 1er juin 1997 : 59 femmes siégeant aujourd'hui au Palais-Bourbon, soit 10,23 %.

femmes, vous ne l'êtes pas, égales, que vous pouvez aller dans l'espace, mais qu'il vous est impossible d'entrer, en nombre significatif, dans l'hémicycle parlementaire. La preuve ? Les chiffres. Même fin de non-recevoir : « C'est philosophiquement impossible. »

Vous vous entêtez, vous vous révoltez ? Autre réponse, plus commune, plus simpliste : « Si vous n'êtes pas élues, c'est de votre faute. Les femmes n'aiment pas la politique, elles sont de mauvaises candidates [qui perdent les circonscriptions-pour-hommes], elles ne votent que pour les hommes, etc. » On connaît.

Et d'ailleurs, où prendraient-elles le temps de s'occuper de ces « choses » depuis toujours réservées à leurs compagnons ? Sans s'arrêter à l'énorme charge de cynisme sous-tendue par cette réflexion, on nous explique que nous investir dans une troisième vie – avec celle du boulot et de la famille – représenterait pour nous une sérieuse difficulté. Étant entendu, certes, que la séparation des tâches – les hommes font les lois (politique, relations avec le monde), les femmes les mœurs (enfants, éducation : royaume de l'« intérieur »...) – doit garder toute sa force ségrégationniste ! Évoquer une interchangeabilité des tâches, un juste partage de la disponibilité, relève, pour beaucoup, du fantasme – ou de la mise en cause de l'ordre (patriarcal) établi. Et voilà pourquoi la politique, en France, demeure la chasse gardée des hommes. Un *no woman's land.*

Cette exclusion a façonné, le temps aidant, une physionomie caractéristique du pouvoir, avec une panoplie qui lui est propre : un langage, des mœurs, des règles du jeu. Un jeu de tueurs. Les quelques femmes qui tentent d'entrer dans ce territoire par effraction ont rarement le choix : elles tombent sous la coupe des chefs de parti ou de groupe. Les inévitables Pygmalions – fiers de l'être. Ils les modèlent, en font des copies, leur apprennent à singer ! Si elles veulent durer, elles doivent se couler dans le moule.

Et ce système, lui, ne dure que par la précarité évidente de ces quelques élues. Leur nombre (misérable), leur absence d'autonomie, la crainte d'une marginalisation : chacun de ces facteurs étant à la fois cause et effet de l'autre.

Quelle égalité réelle voulons-nous en politique ? Les mots « égalité réelle » doivent être pris dans tout leur sens. Ils rejettent l'abstraction des formules universelles et se réclament de l'identité sexuée des citoyennes et des citoyens. De cette différence unique, source et condition de survie de l'humanité, doit procéder l'égalité. Paradoxe ? Atteinte à l'universalité concrète ? Au contraire, cette égalité par la différence la réalise dans l'unité des deux grandes moitiés de l'humanité. Différentes et égales.

Seule la parité traduit la réalisation parfaite de cette égalité.

Qu'est-ce que la parité ?

Un concept aussi simple que dialectique. Constat de la dualité sexuelle de la population (comment la contester ?) et affirmation, à partir de cette dualité, de l'égalité réelle des deux sexes. La justice, ici, se confond avec le bon sens. Elle – la parité – constitue l'égalité « idéale », en ce sens que, comme un aimant, elle fait surgir la masse des citoyennes jusque-là absente du pouvoir. Elle « donne à voir » d'une manière irréfutable l'« autre » moitié, l'oubliée de la démocratie. (A propos, a-t-on jamais dit des hommes qu'ils étaient comme les femmes « la moitié » de l'humanité ?)

Ce phénomène de visibilité des femmes en politique, seule la parité le réalise. Il n'est pas seulement de l'ordre de la symbolisation. L'accès des femmes à la décision catalyse de profondes mutations. Comment l'avenir pourrait-il se ressembler si nous passons d'un monde politique opérant quasiment un *apartheid* sexuel au bénéfice des hommes à celui où les deux composantes de l'humanité tentent de répondre ***ensemble*** aux grands défis – qui leur sont communs – de ce troisième millénaire : la paix, le partage des richesses, l'arme nucléaire, l'explosion démographique, le chômage, etc. ?

Est-ce à dire que les femmes, sexuellement différentes, seraient dotées de caractéristiques telles qu'elles seraient politiquement différentes ?

La question mérite d'être posée. A quoi sert de répéter que « l'on ne naît pas femme, on le devient » si l'on n'explique pas que le conditionnement socio-économique, le poids des traditions, des mentalités, de la culture (de la législation encore récemment) tendent à faire, dès la naissance, d'un être de sexe féminin une femme. C'est-à-dire « l'autre », ayant intériorisé sa condition par rapport à « l'un », l'homme. Son infériorité et sa dépendance, donc.

Dans un conditionnement idéalement égalitaire entre les deux sexes, aucune caractéristique infériorisante ne saurait être l'apanage forcé des filles. Mais en est-il, en a-t-il été ainsi depuis des siècles, des millénaires ? Non. Nous le savons, le constatons, le vivons. Comme nous vivons et constatons que ce poids terriblement contraignant de la religion, de la loi, de la culture a marqué les femmes d'une empreinte particulière.

Confinées dans l'« autre domaine », elles ont réagi pour survivre et exister. Elles ont façonné autrement leur appréhension d'un monde qui, bien que leur appartenant aussi, leur était refusé dans l'essentiel : la responsabilité. Leur regard n'est pas celui du dominateur (l'homme). Leur expérience du « territoire » où elles ont été assignées à résidence – le foyer, la vie domestique, les enfants, les mœurs – ne les entraîne guère aux mêmes constats que les hommes dans la vie parallèle qu'ils se sont choisie. Ces différences – qui ne sont en rien les conséquences ***nécessaires*** de la différence sexuelle, mais qui ont ***fabriqué*** le statut inférieur des femmes – ne peuvent avoir glissé sur elles sans les modeler, sans les modifier.

Les femmes – d'autant plus craintives qu'elles sont socio-économiquement vulnérables – s'interrogent : « Et nos “autres” droits ? Ceux que nous croyions irréversibles et qui sont sérieusement menacés ? Ne faudrait-il pas mieux commencer par ***réformer*** tout ça ? » Elles ont à leur actif de grandes conquêtes sur les chemins de l'égalité. Je ne les énumérerai pas. Je dirai simplement que beaucoup d'entre elles ne leur sont guère acquises définitivement. Les coups de boutoir des commandos anti-IVG – mélange passéiste d'intégrisme religieux, d'ordre moral et de tropismes d'extrême droite – n'ont de cesse d'égaler, dans la violence et peut-être un jour dans le crime, leurs inspirateurs d'outre-Atlantique. Maternités, hôpitaux assiégés au son de grotesques *Salve Regina*, enchaînements dans les salles d'intervention, toute une mise en scène réglée pour traumatiser les patientes venues pour avorter. Naturellement angoissées, les voilà, de plus, culpabilisées, prises en otages.

Ces trublions au fanatisme militant se répandent, hélas, dans nos villes et nos médias. Le système – défense de l'ordre public, de la loi républicaine, mise en œuvre d'une juste répression – est-il suffisant ? Protéger cet acquis fondamental des femmes – notre liberté de donner ou non la vie – n'exigerait-il pas un débat dans le pays et au Parlement ? Si oui, n'incombe-t-il pas aux femmes, directement concernées – dans leur chair, leurs espérances, leur projet de vie –, d'y participer ? Que dis-je, d'être prioritairement à l'initiative et à la discussion de garanties renforcées ? Se contenteraient-elles, comme par le passé, de défiler, pétitionner, être auditionnées..., en attendant que le personnel politique – toujours aussi masculin – examine, soupèse, décide... pour leur corps, la maîtrise de leurs maternités et de l'avenir, leur désir de perpétuer, de se perpétuer...

Le projet paritaire tend à réunir ce que l'actuel exercice du pouvoir a séparé : dans la lutte démocratique, des groupes de pression féministes peuvent se faire entendre jusqu'aux antichambres du pouvoir. Pas au-delà. Sur cette ligne jaune, les femmes doivent céder le pas, la parole et la décision aux élus. C'est-à-dire, une fois encore, à cet ensemble dont elles ne sont (presque) pas.

Ces différences acquises, fabriquées par le socioculturel, sont-elles un handicap ou une limite à l'aptitude des femmes à gouverner ? En aucune manière. Elles constituent, au contraire, un atout majeur : celui du pluralisme social, de la diversité culturelle, de l'expérience de « l'autre ».

Les femmes ont une hiérarchie des exigences du changement, d'organisation des réformes, un pragmatisme pour les évaluer, un langage – la langue de bois rangée au magasin des accessoires « hors service » – pour les exprimer qui s'identifient rarement (sauf chez quelques femmes *pros* de la politique) à ceux des hommes. A condition, bien sûr, de se vivre en femmes politiques débarrassées de tout sentiment de précarité (otages – quelques dizaines d'élues – ou alibis) ; de se dire comme elles sont et d'être ce qu'elles veulent, sans mimétisme ou contrainte.

Le résultat ? Un creuset où s'élaboreraient – à partir des apports des femmes et des hommes – des données, des projets et peut-être même des solutions différentes. C'est la probabilité la plus forte parce que la plus humaine, c'est-à-dire la plus proche de ce que nous sommes dans ce monde, hommes et femmes.

Qu'une citoyenne dispose – comme un citoyen – de moyens de pression démocratiques, c'est bien. Mais qu'elle puisse, toujours comme un citoyen, décider, faire des lois, équilibrer des budgets, faire échec au retour (forcé) à la maison, c'est mieux. Et c'est indispensable.

Ainsi, par exemple, après le naufrage du ministère des Droits des femmes, fallait-il défiler, écrire, protester... ou intervenir en force pour obtenir des crédits pour les associations, pour les actions féministes, lors de la discussion de la loi de finances au Parlement ? Peut-être les deux. Peser sur la décision, mais aussi sûrement la faire.

Et ce qui vaut pour la défense du droit à l'avortement ou du droit de vivre des mouvements de femmes vaut exactement pour leur surchômage, l'inégalité professionnelle (ah, cet échec de la loi de 1983 !), le faux congé parental (ni rémunéré ni obligatoirement alterné entre les parents) et tant d'autres « problèmes de femmes » qui, en réalité, sont ceux de toute la société. Et leurs révélateurs.

C'est par les droits politiques, dans un système démocratique, que s'élaborent les réformes dont les femmes et notre pays ont besoin. Et notre exigence de les partager avec les hommes tend à mettre fin à un système bancal, parce que masculin.

Faut-il pour cela légiférer ? Je me suis longuement posé la question. Après avoir, pendant près de dix ans, étudié les textes, discouru, écrit, voyagé, rapporté sur la parité, j'ai opté pour des mesures volontaristes.

Mais des mesures volontaristes, c'est quoi ? vous demandez-vous, vaguement inquiets. Il est vrai que certains préfèrent ne pas les définir, les laisser dans un flou-repoussoir, les entourer ainsi de je ne sais quel parfum (caché) de brutalité – pour ne pas dire de coup de force... J'ai souvent remarqué, lors de conférences ou de débats, qu'à ce moment de mon développement (« il faut des mesures volontaristes ! ») les visages se tendaient, car ça sonnait un peu fort, il y avait comme de l'incertitude dans l'air : où va-t-on ? quels sont les risques ? Une anxiété de comprendre mieux...

En démocratie, une loi régulièrement votée et promulguée est une mesure volontariste, comme l'est un décret, ou l'instauration d'un référendum ou d'élections, etc.

Être volontariste, c'est agir dans le cadre des institutions et refuser d'attendre tout du temps qui passe ou de la « compréhension » des décideurs. Le blocage des mentalités dans notre pays – voire la régression de la place des femmes dans la vie publique, alors qu'elles ont formidablement avancé dans tous les domaines et forcé des portes interdites – relève d'une triste évidence. Comme est tristement constant le machisme de nos organisations politiques.

Faudra-t-il laisser passer encore un demi-siècle pour que notre pays – à la réputation d'intelligence et d'ouverture – rattrape l'Espagne, l'Italie ou l'Allemagne ? Et un autre demi-siècle pour qu'il atteigne l'égalité paritaire, comme est sur le point de le faire l'Europe du Nord (Scandinavie) appelée justement « terre des femmes » ? Quand un tel décalage, un tel rapport de force (utilisant avec quelque perversité la Constitution, le droit, l'universalisme, etc.) semblent consacrer un échec aussi flagrant, ne faut-il pas que par la loi (moyen volontariste) soient adjoints au principe d'égalité – proclamé en vain – les ***moyens*** de l'égalité, c'est-à-dire ceux d'y accéder ? Qu'est l'égalité sans l'égalité concrète des chances ?

Depuis la guerre – et malgré le rôle et l'héroïsme, souvent occultés par l'Histoire, de celles qui contribuèrent à continuer la France dans la Résistance –, l'égalité est mise à mal, vidée de son contenu. Et en cela déjà l'évolution de notre société vers la modernité s'en trouve incontestablement retardée.

Liberté, Égalité, etc. Qui affirmerait aujourd'hui que les femmes sont « libres » de devenir « égales » dans la citoyenneté de la décision ? L'égalité exige le préalable de la diversité reconnue, celui de l'existence de l'autre. Lui, c'est lui, le citoyen. Moi, c'est moi, la citoyenne (mais, aujourd'hui encore, la sous-citoyenne). Et tous deux, nous faisons la République universelle.

Il ne sert à rien de maintenir, pour y noyer les exigences d'une justice élémentaire, l'abstraction d'un principe contre la réalité d'un mal. Car c'est l'homogénéité même du tissu social de notre démocratie qui est en cause. Le Conseil d'État ne s'y est pas trompé [5] : faisant allusion à la parité entre femmes et hommes, il affirme que l'égalité des chances a d'abord comme fonction « la préservation du principe d'égalité au centre de notre État de droit ». Et que l'égalité exige la reconnaissance de l'***altérité*** (qu'est l'égalité de ***l'un*** sans le respect de celle de ***l'autre*** ?) et de la diversité. Je vous le disais : lui, c'est lui ; moi…

Il faut donc légiférer. Car, écrivait au siècle dernier le révérend père Lacordaire : « Entre le fort et le faible, c'est la liberté qui opprime et la loi qui affranchit. » Admirable raccourci – moral et politique – de la « ligne » d'une véritable démocratie. A mettre en exergue au Droit social (rapports entre employeurs et salariés), au Droit de l'environnement (rapports entre d'éventuels saccageurs et la nature) et à tant de nos lois « justes »…

Reste que la question – souvent posée – ne peut être éludée : la parité, pour quoi faire ? La parité, est-ce une politique meilleure dans ses différences ? On peut – sans risquer de se tromper – répondre qu'un système qui intègre dans la décision politique 53 % du corps électoral, qui fait de l'égalité-altérité l'application concrète d'un grand principe révolution-

5. « Sur le principe de l'égalité », *Rapport public du Conseil d'État 1996*, Paris, La Documentation française.

naire est évidemment plus juste. Une démocratie qui fait de ses deux moitiés des citoyens/citoyennes à part ***également*** entière ne peut que se révéler meilleure.

Meilleure parce que différente ?

Meilleure parce qu'elle apporterait un substitut radical à une politique dont l'image se brouille, où les partis – essoufflés – peinent à inventer l'autre manière de faire et de dire, à un système que, dans leur immense majorité, les citoyens veulent changer ?

Répondre « oui » serait affirmer que la parité par le nombre (changement quantitatif) induira une société gouvernée par l'intérêt de tous (changement qualitatif).

Je ne l'affirme pas.

Je crois seulement qu'une telle dynamique ne saurait laisser intact un système dont les règles et les participants (proportion, mixité, diversité, etc.) auront à ce point changé. Je crois aussi qu'une telle mixité, aussi rigoureusement égalitaire, ne pourrait que produire une tout autre culture politique.

Mais cela, c'est de l'ordre du pari.

Un pari que l'opinion publique prend avec audace[6].

Au moment de l'entreprendre, surgit, insistante, la question : pour qui, ce livre ?

Je sais déjà que je n'écris ni pour les élites ni pour les spécialistes. Ni pour les constitutionnalistes, ni pour les philosophes, sociologues, historiens. Ni pour les partisans convaincus de la parité, ou leurs adversaires non moins convaincus. Pour elles, pour eux, ces données et leur problématique, ainsi que les argumentaires, sont connus.

6. Les sondages indiquent une majorité écrasante – de 56 à 85 %, selon les périodes, de 1994 à 1996 – d'hommes et de femmes en nombre égal pour la parité institutionnalisée.

J'écris pour les autres. Pour l'immense majorité des femmes qui ressent – sans en bien comprendre les raisons ou le mécanisme – un rejet séculaire de ses mots, de ses problèmes, de ses vies, de l'espace politique. Pour celles qui – sans en connaître l'histoire – s'interrogent sur une discrimination si ancienne, si ancrée dans les structures et les mentalités, si massive – elle exclut la moitié de l'humanité – et si absurde – les hommes seraient-ils par naissance les seuls capables de gouverner ? Pour celles qui – sans pouvoir le définir comme un dysfonctionnement majeur du système – savent qu'une démocratie où la moitié de la population parle et décide pour l'autre n'en est que la caricature. Pour celles enfin pour qui la fracture est si profonde qu'elles l'ont intériorisée comme étant de l'ordre des choses.

C'est pour elles que j'écris. J'écris ces pages pour qu'elles sachent enfin que l'enjeu moderne du combat – la nouvelle cause des femmes – est bien l'égalité politique. Dignité, responsabilité, égalité.

J'écris pour les convaincre de ce qu'elles sont, ces citoyennes appelées à l'être à part entière, et de ce qu'elles pourront, dans la République de demain.

Contre le constat d'exclusion, l'optimisme de la volonté.

Et les hommes ? Faut-il écouter le socialiste allemand Bebel quand il dit qu'« ils se complaisent dans cette situation parce qu'ils en retirent tous les avantages », « qu'il plaît à l'orgueil, à leur égoïsme, ajoute-t-il, de jouer le rôle du plus fort et du maître, et [que], comme tous les despotes, ils refusent de se laisser influencer par des raisonnements » ?

Je crois – par expérience – que ceux qui possèdent l'« intelligence théorique » de la justesse de la cause des femmes, que ceux qui ressentent l'exigence d'une autre société en ses fondements, d'un avenir différent car dessiné par le tandem égalitaire hommes-femmes, seront à nos côtés.

Ils sont peu nombreux, objectez-vous. C'est vrai. Mais demain ?

Il n'a jamais appartenu à des « compagnons de route » de théoriser, d'expliquer la lutte de ceux (ici, celles) qui réclament liberté ou égalité, ni de la diriger. Telles sont les limites de la solidarité active entre femmes et hommes. Je sais cependant, toujours par expérience, que la synergie de combats partagés peut être, en soi, génératrice d'un autre code relationnel entre eux.

Et, croyez-moi, un tel changement vaut le détour. Celui de la parité, justement.

J'ai eu la chance de partager espoirs et projets avec des interlocuteurs dont la volonté d'échange, la qualité de réflexion, la sensibilité à la dualité de la société m'ont enrichie, renforcée.

Sont-ils pour autant acquis sans réserve à cette nouvelle cause ? Je n'en suis pas certaine.

Pour les sympathisants, mais aussi pour les sceptiques et les ignorants, pour tous ceux qui, ***de bonne foi***, cherchent à guérir cette démocratie si peu démocratique, sans diagnostiquer avec précision le mal ou ses remèdes, j'écris ce plaidoyer.

Les autres – femmes savantes, experts chevronnés – s'abstenir...

1

Des féministes aux mains propres

2 juillet 1981 : les nouveaux députés – pour la plupart issus de la vague rose qui a submergé le pays – font leur entrée dans l'hémicycle. L'émotion figée dans un sourire à tout venant, je cherche ma place. J'ai fui la salle des quatre colonnes, les micros, les journalistes à l'affût des « bleus ». Je suis accrochée : « Vous êtes une avocate, pourquoi avez-vous choisi l'élection pour vous faire entendre ?... Quelle sera votre première intervention pour les femmes ? » Je coupe les groupes agglutinés, j'ai hâte de voir la salle des séances, d'y entrer, d'y respirer son air, de m'y asseoir. « Ordre alphabétique », me dit-on. « Je suis élue, je suis la députée du peuple français. » Je me le répétais à moi-même comme pour me familiariser avec cette certitude magique. Une joie violente · la fierté d'avoir été ***choisie*** (le mot me semblait plus fort qu'***élue***) pour parler au nom de la France. J'allais faire ses lois, déterminer sa politique, être la porte-parole à l'Assemblée – après les tribunaux – de ceux qui n'avaient pas de voix. « Plutôt naïve, ta vision », tranchèrent mes fils. Peut-être. Mais ce que je ne pouvais exprimer encore, parce que resurgi du fond de l'enfance et de l'adolescence, parce que je n'avais pas encore trouvé le chemin des mots, c'est que je vivais ces instants comme une sorte de revanche. Revanche contre

la naissance, la pauvreté, l'inculture d'un milieu, colonisé de surcroît. La liquidation de l'humiliation passée. L'honneur d'être élue, l'honneur surtout d'être une femme élue.

J'avais prévenu. Le soir même de mon élection, j'avais martelé en regardant bien en face la caméra de télévision (FR3, Grenoble) : « Pour la première fois, une voix féministe entre à l'Assemblée nationale. »

D'où vint alors que, au moment de m'asseoir sur mon banc de députée, je fus prise comme d'un mauvais vertige ? (Je l'avais emporté dans l'Isère comme présidente de Choisir la cause des femmes, avec le soutien du Parti socialiste. J'ai déjà raconté le film de ma campagne, les coups bas, les fulgurances, les pièges politiciens[1]. Mais, surtout, l'orgueil d'avoir triomphé – confortablement, avec 53,4 % des voix – de tout cela, sans compter la misogynie particulière que mon parachutage en terre dauphinoise avait formidablement cristallisée.)

Cette multitude d'hommes, barbus en nombre, dans les travées, comment avaient-ils fait pour prendre possession, comme de leur dû, de toute l'Assemblée ? Sans que nous – les femmes – criions à l'injustice, à la forfaiture... Nous, silencieuses et résignées. Ils avaient réinvesti leurs terres ancestrales : le pouvoir. Le plus démocratiquement et le plus constitutionnellement du monde. Cette souveraineté de toujours, je la ressentais ce jour-là comme totalitaire.

Un demi-siècle d'exercice du droit de vote pour les Françaises n'avait en rien affaibli ce monopole. Toujours cette même foule, condescendante à l'égard des quelques unités féminines, éparses ici et là[2], considérées comme une incursion divertissante et, somme toute, peu concurrentielle. Foule dominatrice, aveugle et sourde à l'exclusion des femmes ? Ou, au contraire, consciente du scandale et refusant de s'y attarder ?

1. *Une embellie perdue*, Paris, Gallimard, 1995.
2. Chiffres de 1981 : 26 femmes sur 491 députés, soit 5,3 %.

Enterrant jusque dans les esprits toute question à son propos ?

N'est-il pas symbolique que le ***premier débat parlementaire*** sur la place des femmes dans la vie publique n'aura lieu que le 11 mars 1997 ? Débat historique, certes, mais – j'y reviendrai – vidé de sens, puisque d'emblée excluant toute proposition sur la représentation des femmes au Parlement.

En 1981, donc, je tentais de réveiller, par mes questions, quelques consciences masculines. Au nom d'un pluralisme « premier » – les femmes, les hommes –, 53 % d'électrices et cette déferlante masculine pour décider au nom du peuple français, n'était-ce pas indécent ?

Justice bien ordonnée... Et comme se remettre en question a toujours, pour moi, le même attrait, je parlerai d'abord de nous, des féministes, de moi-même, et de notre attitude à l'égard de la « chose », c'est-à-dire du pouvoir politique.

Simone de Beauvoir et moi avons toutes deux raconté les circonstances de notre première rencontre, en cet automne 1958 [3].

J'ai dit mon éblouissement, la fascination presque inhibitrice que je ressentis dès ses premiers mots. Elle était là, sur cette estrade d'une école de la rue d'Alésia, avec Jean-Paul Sartre, et ensemble nous participions à la même réunion publique. « Non » au référendum gaulliste, « non » au pouvoir issu du putsch des colonels à Alger, nous le disions à l'unisson. Mais ce soir-là n'était pas un soir de meeting comme les autres : « Elle » était là à mes côtés, « Elle » voulait me revoir, « Elle » me proposait de déjeuner avec elle, « Elle » souhaitait donc me connaître davantage.

Ce premier déjeuner, je l'ai vécu avant l'heure dix fois,

3. S. de Beauvoir, *La Force des choses*, Paris, Gallimard, 1963 ; G. Halimi, *Le Lait de l'oranger*, Paris, Gallimard, 1988 et « Folio », 1990.

vingt fois. Je lui demanderais comment, pourquoi elle avait choisi d'écrire *Le Deuxième Sexe*. Son enfance de fille, sa révolte, sûrement. Et surtout comment nos mouvements de femmes pouvaient nous mener, toutes ensemble, à la conquête de notre égalité, de notre dignité.

Être femme ne lui avait valu ni discrimination ni handicap d'aucune sorte. « Au contraire, m'avait-elle confié, j'en ai plutôt profité... C'était peut-être l'époque... J'avais les meilleurs rapports avec les hommes. D'ailleurs, je ne les enviais pas. » « Moi non plus », avais-je murmuré, impatiente de connaître ses raisons.

Les miennes me sont toujours apparues avec clarté.

Je réagissais par une sorte d'orgueil douloureux commun à ma « caste », à mon groupe, les femmes. Nous accomplissions, pour la plupart d'entre nous, un parcours difficile dans un monde masculin qui nous imposait sa loi. Mais vouloir la place de l'oppresseur relevait d'une assez mauvaise analyse qui ne rendait compte en rien du projet féministe.

A l'époque, Simone de Beauvoir croyait peu à l'action collective des femmes. Chacune d'elles pouvait lui apparaître comme un « objet » singulier d'études, voire d'amitié ou d'amour. Mais la communauté des femmes ne suscitait pas encore en elle une quelconque solidarité effective ou affective. Elle se montrait gauche, lointaine et parfois sèche avec celles dont elle défendit pourtant admirablement les causes. Djamila Boupacha, Michèle Chevalier, lors de grandes batailles communes, en ressentirent quelque tristesse [4].

Je brûlais de discuter avec elle des femmes en politique, de notre participation, de notre rôle. Fallait-il s'engager dans

4. Cf. *Le Lait de l'oranger*, *op. cit.*

Djamila Boupacha : héroïne de l'indépendance algérienne, arrêtée et torturée à Alger en 1960.

Michèle Chevalier : mère de Marie-Claire Chevalier, la jeune avortée de seize ans du procès de Bobigny (1972).

des partis et accepter ainsi d'être cantonnées dans des rôles de figuration ? Ou, au contraire, les boycotter ? Créer un parti de femmes ou exiger une juste représentation – autant de femmes que d'hommes – au Parlement ?

Simone de Beauvoir n'y voyait guère matière à débat. Que les hommes décidassent de l'ensemble de notre politique ne la choquait pas outre mesure, les femmes n'étant à ses yeux qu'une variante de citoyens. Son manque de passion pour l'action politique en général se nourrissait, s'agissant des femmes, d'une vague orthodoxie marxiste. Point de vue en somme logique pour qui croit à l'absence de spécificité de l'émancipation des femmes. « Il ne faudrait pas croire que la simple juxtaposition du droit de vote et d'un métier soit une parfaite libération : le travail aujourd'hui n'est pas la liberté. C'est seulement dans un monde socialiste que la femme, en accédant à l'un, s'assurerait de l'autre », avait-elle affirmé dans *Le Deuxième Sexe*. Elle ne pensait donc pas que l'importance de la représentation féminine en politique méritât considération. Sans doute étions-nous dans la superstructure : de la libération du prolétariat découlerait donc la libération de tout, de tous et de toutes. Forcément celle des femmes. Et elles partageraient ainsi, quasi automatiquement, toutes les responsabilités avec les hommes, eux aussi opprimés. Pas de combat séparé, et surtout pas de raison de combattre sur ce terrain.

Marx ne déniait certes pas l'existence de l'oppression des femmes, encore que la question ne l'eût guère beaucoup occupé. Cent cinquante-deux pages dans toute son œuvre concernent, et parfois seulement de loin, la condition des femmes… et des enfants ! Il ne semblait pas suivre Engels quand ce dernier écrivait : « La première opposition de classe qui se manifeste dans l'Histoire coïncide avec le développement de l'antagonisme entre l'homme et la femme dans le mariage conjugal et la première oppression de classe, avec l'oppression du sexe féminin par le sexe masculin. » Surtout, il ne modifia en rien sa stratégie de la lutte des classes pour y faire place aux luttes des femmes. Que l'ouvrière (prolétaire et femme) soit deux fois opprimée – « la femme est la prolétaire du prolétaire », constatera Flora Tristan – ne devait pas conduire à l'aventure. Oppression de classe et oppression de sexe seraient combattues dans la ***même*** démarche. La chronologie en était inscrite dans l'Histoire. Révolution politique d'abord. Auteurs-décideurs : les hommes. Révolution culturelle ensuite. Qui suivra, par la force des choses. Les femmes pourraient – pourquoi pas ? – en bénéficier.

Les expériences passées en terres « socialistes », comme les pratiques des partis de gauche occidentaux, ont cruellement démenti l'optimisme de cette stratégie.

En vérité, pour Simone de Beauvoir, le pouvoir politique – masculin, en l'occurrence – n'avait d'existence que pour être combattu. Parce qu'il était le pouvoir, non parce qu'il était masculin. Le recours au législateur pour concrétiser, dans une loi, une liberté arrachée ne la préoccupait guère.

En 1971, au nom de « Choisir », j'avais préparé une « proposition » de loi pour abolir la répression de l'avortement et de la loi de 1920, et pour donner aussi aux femmes les moyens – assistance d'un médecin, droit à l'hospitalisation, droit à la Sécurité sociale – d'une nouvelle liberté : celle d'avorter.

J'ai toujours pensé que, sauf à privilégier une élite, une liberté ne vaut que par la garantie de l'exercer. Comment une femme sans ressources pourrait-elle utiliser cet ultime recours, l'avortement, si elle se trouvait lâchée dans un véritable marché libre ? La concurrence aidant, comment pourrait-elle prélever, sur un salaire minimum, le coût de l'intervention ? Et le tout dans l'urgence que l'on sait. Devait-on risquer d'encourager – par une non-réglementation – les attentes, les atermoiements, les demandes faites dans des délais excessifs : cinq, six, huit mois quelquefois ? N'avions-nous pas l'obligation, dans la conquête de cette nouvelle liberté, d'assumer certaines responsabilités devant un choix dont la gravité ne nous échappait pas ?

« Nous n'avons pas besoin d'une loi pour faire des enfants. » Ce slogan, qui suivit de près celui de « Mon ventre m'appartient », brandi par des groupes qui combattaient la démarche de « Choisir » – vilipendée comme « réformiste » ou « légaliste » –, eut l'aval de Simone de Beauvoir. A quoi je répondis qu'une liberté n'est qu'un leurre sans les moyens d'en jouir. Surtout pour ceux et celles qui avaient souffert, plus que d'autres, par leur vulnérabilité, de l'absence de tout choix réel.

Présidente fondatrice de « Choisir », Simone de Beauvoir refusa de faire partie de la délégation reçue par le ministre de la Justice, la Commission des affaires culturelles, familiales et sociales, ainsi que les groupes parlementaires. Ces démarches – qui tendaient à convaincre de l'urgence d'un débat au Parlement sur l'avortement –, elle les considérait comme le type même du compromis avec le pouvoir. Inacceptable, donc. Le doigt, en somme, dans l'engrenage politicien ; et commis, en plus, dans ses lieux symboliques : ministères, Sénat et Assemblée nationale.

Elle exprima ainsi l'indifférence qu'elle portait à la « chose » politique. D'une manière générale, elle lui fut, cette « chose », très longtemps étrangère. Quand elle reconnut qu'aucun citoyen ne pouvait prétendre l'ignorer – qu'il y entrât, la combattît ou en refusât même le principe (anarchie) –, elle n'exigea guère que la femme devînt une citoyenne à part entière. Elle se débarrassa de l'analyse marxiste et redonna au féminisme le caractère spécifique de sa nécessité. Mais la légitimité démocratique ne rentra pas en grâce pour autant.

Dans sa pratique – plus tardive – des luttes de femmes, elle dota notre histoire d'une certaine autonomie. En revanche, elle refusa de considérer les femmes en « sujets différents de la décision politique ». Le jeu politique continuait de lui apparaître comme un épiphénomène mineur de ce combat. Son action à la même époque dans l'extrême gauche, aux côtés de Jean-Paul Sartre, tenait plus de la contestation radicale du système que de la volonté d'engagement dans une forme de représentation plus juste.

Comme pour beaucoup de féministes, mon parcours fut inverse. J'étais partie de l'expérience vécue – la mienne et celle des femmes qui m'entouraient dans mon adolescence : des Tunisiennes et des Françaises terriblement ignorantes, plus résignées que révoltées, que je voulais aider par le peu de savoir que j'avais acquis dans les livres. L'expérience, c'était mon corps, mon avortement à vif, la solitude, la honte, la pauvreté de l'étudiante débarquée à Paris [5]. La dépendance sous toutes ses formes et le sentiment, violent, de l'injustice. Car mon corps, c'était aussi ma tête, mon intelligence, mon appréhension sensible du monde qui m'entourait. Tout cela et la boulimie depuis mon plus jeune âge de lectures hétéroclites m'entraînaient, sinon à théoriser, du moins à tenter d'analyser les causes de l'oppression des femmes.

Tout naturellement, la logique interne des carcans mise à nu, j'imaginais les moyens de sa remise en question. Ma révolte fit le reste : le féminisme, c'était pour moi un projet global de société. Un projet autre, mais forcément organisé en politique. Comment le réaliser ? Par la pratique constante des

5. Cf. *La Cause des femmes*, Paris, Gallimard, coll. « Folio », 1992.

luttes et la volonté de convaincre. Projet révolutionnaire ? Plus que cela, en ce qu'il impliquait le primat du culturel sur l'économique. Projet réformiste ? Sûrement aussi en ce qu'il excluait le terrorisme, visait par de nouvelles lois à donner aux femmes des libertés élémentaires (choisir de donner – ou non – la vie, refuser la banalisation du viol, etc.). Et en ce qu'il admettait, comme base, la démocratie parlementaire.

Le Droit joua, dans ma démarche, un rôle essentiel. A partir d'une action critique et volontariste, je savais que le Droit pouvait créer un autre Droit. Je crois que de grandes féministes contemporaines le reconnaissent. Que la réforme par la loi soit impuissante à mettre fin, seule, à l'exclusion des femmes de la décision politique, que le Droit ne puisse, à lui seul, remettre en cause la relation de pouvoir entre hommes et femmes, cela ne faisait, ne fait pour moi aucun doute. Mais certaines lois, appliquées avec rigueur, peuvent, en démocratie, battre en brèche la discrimination des sexes. Et initier une dynamique de changement des mentalités. Qui, à leur tour, consolidera les lois. Et en produire d'autres. Dialectique du réel. Qui fait les lois ? A quatre-vingt-dix pour cent, aujourd'hui encore, les hommes de tous les partis. Et qui les subit, seules pour ce qui les concerne ? Les femmes, à cent pour cent.

Je me souviens encore de cette image fulgurante du procès de Bobigny (1972) : trois femmes – employées de métro – accusées de complicité d'avortement, debout dans le prétoire, se tenant droites devant trois hommes, le tribunal correctionnel. De quoi parlaient-elles ? De sonde, d'aménorrhée, d'utérus, d'angoisse, d'hémorragie. Mais aussi de désir – ou de non-désir – d'enfant. Écrasant à l'avance tout débat, le précédant comme une évidence séculaire, la culpabilité des femmes. Coupables d'être femmes et d'avoir avorté.

« Regardez-nous, messieurs, et regardez-vous. » Je plaidais comme je disais ma révolte. « Trois femmes contraintes d'expliquer aux trois hommes que vous êtes, leurs juges, le fonctionnement de leur utérus, la douleur d'un avortement clandestin, le bouleversement de tout leur être, bouleversement qu'elles arrivent à peine à formuler... Ne croyez-vous pas que l'injustice fondamentale à l'égard des femmes, le mépris dans lequel on les tient, c'est justement ce dialogue impossible, ce face-à-face contre nature ? »

Le président, vexé, menaça, après les applaudissements des féministes qui occupaient la presque totalité des bancs, de faire évacuer la salle.

A la secrétaire qui, pour arrondir ses fins de mois mais aussi par cette solidarité quasi physique entre femmes, avait pratiqué l'avortement, il demanda : « Vous dites lui avoir mis un spéculum. Où ? Dans la bouche ? » Cette fois, il y eut dans le prétoire comme un grondement de colère. Comment pouvaient-ils prétendre nous juger, juger nos histoires de femmes, ces ignorants, ces ânes répressifs, ces hommes pour tout dire ?

Heureusement, l'opinion publique vint à la rescousse. Et les employées de métro-avorteuses, pionnières dans ce combat, furent acquittées. Ou à peine sanctionnées, pour le principe. Aucun garde des Sceaux n'osa rouvrir des débats en appel. La cause – de notre droit de choisir nos maternités – fut entendue. Et la loi déclarée morte. Pour qu'une autre (la loi Veil) naisse [6].

Le féminisme des années 1960-1980 demanda des réformes. Mais, tout occupé à revendiquer des libertés élémentaires – contraception, lutte contre le viol, égalité professionnelle –, il n'exigea guère le partage du pouvoir politique entre les

6. Pour un récit plus complet, voir *Avortement : une loi en procès. L'affaire de Bobigny*, de l'association « Choisir » (préface de Simone de Beauvoir), Paris, Gallimard, coll. « Idées », 1973.

deux sexes. L'urgence, c'était d'abord d'exister *physiquement*, de nous réapproprier notre corps, de le défendre contre la répression de l'avortement ou le saccage des violeurs.

Aussi étrange que cela puisse paraître, la place des femmes en politique, aux niveaux décisionnels (grandes mairies, régions, Parlement), ne mobilisa ni les théoriciennes (j'ai évoqué mes échanges avec Simone de Beauvoir) ni les militantes du Mouvement des femmes. Le mythe de l'évolution des mentalités – à attendre avec patience – se serait-il substitué à l'exigence des luttes contre l'exclusion ?

Tout combat féministe est combat de liberté et d'émancipation de la société. J'ai appelé cela l'« effet iceberg ». Ainsi, par exemple, la revendication des femmes de décider du choix de donner (ou non) la vie semble limitée, élémentaire, presque uniquement biologique. C'est la partie visible de l'iceberg : nous voulons disposer de nous-mêmes. En réalité, ce droit secoue, entremêle, modifie, comme après un tremblement de terre, les racines de notre condition. L'appropriation physique – « notre corps nous appartient » – est le passage obligé de l'appropriation de notre identité tout entière.

Décider du moment (et d'abord du principe même) de mes maternités me permet de projeter concrètement des études, une carrière, des loisirs. Mon insertion économique, par exemple, ne sera plus fonction du hasard dramatique de la grossesse-accident et de son corollaire, l'avortement clandestin. Je deviens le sujet de ma propre disponibilité. Après avoir récupéré mon corps, je récupère ma vie.

Dans le même temps, le sens profond de la famille évolue. Je ne le reçois pas comme le dogme religieux, démographique ou conservateur : je décide du temps et de la mesure. La « destination » de la famille se définit autrement : ni obligation ni négation, mais une place réfléchie, voulue, choisie. Peut-être aussi un havre affectif. L'ambition personnelle ne dispense pas toujours de tels besoins.

Et l'amour, et la sensualité, et le désir ? Une révolution donc, mais induite par une réforme.

La contraception qui dissocie le plaisir de la procréation – terrible péché condamné par l'Église ! – libère la femme de peurs séculaires et, comme à l'homme, lui donne le droit de choisir la vie commune ou une aventure avec son partenaire.

La personnalité de la femme est refondue, son identité affirmée. Elle revendique son droit de choisir – de la maternité à la carrière, de l'amour précaire à une certaine forme de famille.

En sa partie immergée, l'iceberg remet en cause les relations du couple, transforme l'homme, qui s'interroge sur sa place et son pouvoir dans cette société « autre ». Une société qui, comme l'iceberg, flotte, s'enfonce par moments, mais découvre, à d'autres, un visible inconnu. De ses liens transformés surgit un paysage homme-femme nouveau. Paysage qui donne à voir, principalement, ses relations de pouvoir.

Pourquoi les féministes de ces années passées ont-elles négligé de considérer le pouvoir politique ? Une forme de radicalisme du Women's Lib venu jusqu'à nous des États-Unis l'explique ainsi : « Nous ne voulons pas partager le pouvoir que les hommes ont perverti : pouvoir masculin, pouvoir pourri ! Voyez le résultat. Voyez l'injustice, le colonialisme, la torture en Algérie, l'exploitation, la dégradation de la nature et enfin l'exclusion et le mépris des femmes. » Tel était en substance le discours, et tel se voulait le rejet. Nous devions, nous féministes, rester étanches aux manœuvres politiciennes des hommes et veiller à ne pas en être contaminées.

Et puis, rappelez-vous le credo des années 1970 : « Le privé est politique… » Pour beaucoup, cette fusion « privé-politique » excluait la politique dans son expression classique.

Fallait-il inventer une politique des femmes mise en pratique par un autre pouvoir ? Fallait-il faire sécession ?

La question ne fut pas ou peu posée. Le temps était à l'affirmation de nous-mêmes. Nous nous posions comme sujets de droits et de revendications. Et nous nous émerveillions de nous voir dans le miroir des autres, autonomes et neuves.

La critique du système, du ***pouvoir-en-soi***, faisait certes partie de la même cause. Il nous fallait d'abord soulever les couvercles étouffants de ces réseaux, monopolisés par les hommes – et tenter de les comprendre.

Cette analyse nous conduisait-elle vers le partage égalitaire ? Je ne le crois pas. D'abord parce que les quelques voix féminines qui tentaient de se faire entendre se sont perdues dans le vacarme de l'hégémonie masculine. Mais aussi parce que tel n'était pas le propos du féminisme d'alors.

Le féminisme hésitait, trébuchait sur le politique. Dénoncé comme le moyen de dominer – une classe, un sexe –, il portait les stigmates de tous les péchés du monde : dans quel état ont-« ils » mis la terre et nos sociétés ? « Ils » ont les mains sales, si sales...

A partir de cette explication schématique mais quasi unanime, les féministes se divisèrent. Certains groupes créèrent l'« action alternative ». Inventer d'autres lieux de pouvoir, parallèles et harcelant les lieux officiels. D'autres, théorisant le principe du « pouvoir *sur* » (donc pouvoir synonyme de contrôle et de domination), affirmèrent que les femmes n'avaient rien à gagner à conquérir des miettes dans ce festin patriarcal ; qu'il fallait au contraire s'en tenir éloignées et rechercher son propre équilibre, son bonheur, son plaisir dans l'harmonie naturelle avec la nature et les autres êtres humains (comme le préconisait, par exemple, la féministe américaine Marilyn French).

Propos rafraîchissants certes, mais parfaitement irresponsables. Ce désir de « pureté » cachait mal le choix d'une anarchie qui n'osait pas s'avouer telle. Source : l'idéologie soixante-huitarde et son slogan « Élections, pièges à cons » servi avec quelques variantes (romantisme, féminisme).

Démarche qui rejetait les femmes dans l'anachronisme et la marginalisation.

Il y eut, il y a encore, des femmes « négationnistes » de la raison politique : pour elles, le monde, dans tous les cas, doit l'ignorer.

Ces rejets, ces divisions, ces tentatives sécessionnistes de la mixité en politique que prônaient les féministes aux mains propres retardèrent considérablement, en France, une prise de conscience essentielle pour les femmes : prendre part – à égalité avec les hommes – au « fonctionnement » de notre République.

Cela explique-t-il, pour autant, cette quasi-exclusion des femmes de la décision politique ? Et ce qu'il est convenu d'appeler l'« exception française », c'est-à-dire l'accablant constat des chiffres de la participation féminine ? Non, d'évidence.

Dans cette Histoire de l'exclusion des femmes, les (lourdes) responsabilités incombent, pour l'essentiel, à d'autres. Car il y en a une, d'Histoire. Pétrie à la fois de celle des religions (monothéistes), de la philosophie (universaliste) des Lumières, de la Révolution française (l'Histoire dans l'Histoire) et, enfin, de la complicité d'un Droit constitutionnel écrit, façonné, interprété par ceux qui consacrent comme tabous les textes d'exclusion.

2

L'exception française ou l'accablant constat

A relire les textes – nationaux, européens et universels – fondateurs de l'égalité entre les sexes et, en particulier, dans la vie publique, on peut, selon les tempéraments :

– refermer les recueils de proclamations, déclarations, constitutions, conventions, et décider de n'y plus croire et de ne plus s'en mêler. Lassitude et résignation ;

– les jeter au loin avec colère devant tant de promesses, d'affirmations, tant de solennité (de « cinéma », diraient certains ; de « cirques internationaux », surenchériraient d'autres) avalisées par la terre entière (188 États à l'ONU – sur 191 dans le monde – pour la Déclaration Universelle des Droits de l'Homme !), par l'Europe, par la France, réduites en pratique à presque rien : quelques femmes inaudibles dans la démocratie française ;

– ou reprendre, après l'avoir piétiné, le tas de documents. Les relire, un à un, avec soin. Et, après réflexion, se poser la vraie question : comment supprimer ce décalage entre textes et réalité, source de l'injustice ?

Je suis passée – comme beaucoup d'autres, sans doute – par cette succession d'états.

Et chassée – assez vite – la lassitude, dépassé le paroxysme de l'indignation, je me suis fixé une double démarche :

– expliquer, tenter de convaincre (ma passion d'avocate) ;

– proposer concrètement les voies vers une possible parité, seule ***égalité*** aujourd'hui réellement ***égalitaire***, avec la volonté déterminée de provoquer ce changement. Et pas un autre.

Une certitude aussi. Celle que, depuis les travaux de l'Observatoire de la parité et le débat – pourtant avorté – du 11 mars 1997 à l'Assemblée nationale sur la place des femmes dans la vie publique, les citoyennes françaises n'accepteront plus jamais, comme par le passé, leur statut de sous-citoyennes.

D'autant que l'opinion publique a manifesté clairement et à plusieurs reprises son souhait d'une démocratie au pouvoir également partagé entre femmes et hommes.

J'exagère ?

Rappelons d'abord quelques engagements qui se voulaient historiques sur l'égalité des femmes en politique. Une panoplie impressionnante de textes dont le seul rappel continue... d'impressionner ! Un constat qui ne cesse d'être accablant.

L'Universel, d'abord, avec sa majuscule. L'ONU et son système :

1) Texte premier, cimentant la fin de la guerre, et de ses horreurs, la **Déclaration Universelle des Droits de l'Homme** (ONU, 1948). Ce texte – le sait-on vraiment ? – ne requiert ni signature ni promulgation de la part des pays membres. Tous (188, je l'ai dit), par leur seule affiliation à l'ONU, font leur cette Déclaration. Le refus les empêcherait *ipso facto* de faire partie de ce « grand machin » à la fois indispensable lieu de rencontre du monde et organisation dominée par un seul pays, les États-Unis (cf. guerre du Golfe, conflit du Moyen-Orient, partition de l'ancienne Yougoslavie), et paralysée par son impuissance.

Article 21 de la Déclaration : « Toute personne a le droit de prendre part à la direction des affaires publiques de son pays, soit directement, soit par l'intermédiaire de représentants librement choisis... Toute personne a droit à accéder, dans des conditions d'égalité, aux fonctions publiques de son pays. »

2) Quelques années plus tard, reprenant les termes mêmes de la Déclaration Universelle, fut signée et promulguée par la plupart des pays de l'ONU une **Convention sur les droits politiques de la femme** (1952) qui, en trois brefs articles, rappelait que, dans des conditions d'égalité avec l'homme :

1. la femme doit voter,
2. la femme doit être élue,
3. la femme doit occuper tous postes et fonctions publics.

En 1996, nouveau rappel qui se voulait impérieux : le ***Pacte international relatif aux droits civils et politiques.***

3) La **Convention sur l'élimination de toutes les formes de discrimination à l'égard des femmes**, plus communément appelée la Convention anti-sexiste (ONU, 18 novembre 1979, Résolution n° 34/180), pourrait constituer, pour les femmes, un moyen d'intervention de choix.

Que dit d'important, pour notre propos, cette Convention ?

Elle indique au préalable (article 4) que « des mesures positives temporaires » pour instaurer une égalité de fait ne relèvent en rien de la discrimination.

Elle prévoit notamment :

« ***Les États parties prennent toutes les mesures appropriées pour éliminer la discrimination à l'égard des femmes dans la vie politique et publique*** du pays et, en particulier, leur assurent, dans des conditions d'égalité avec les hommes, le droit :

a) de voter à toutes les élections et dans tous les référendums publics et être éligibles à tous les organismes publiquement élus ;

b) de prendre part à l'élaboration de la politique de l'État et à son exécution, occuper des emplois publics et exercer toutes les fonctions publiques à tous les échelons du gouvernement » (article 7, alinéas 1, 2 et 3).

Les États parties… à cette fin, s'engagent à :

a) inscrire dans leur Constitution nationale ou toute autre disposition législative appropriée ***les principes de l'égalité des hommes et des femmes*** si ça n'est déjà fait, et à ***assurer par voie de législation ou par d'autres moyens appropriés l'application effective dudit principe*** ;

b) adopter des ***mesures législatives*** et d'autres mesures appropriées assorties, y compris des sanctions en cas de besoin, interdisant toute discrimination à l'égard des femmes » (article 2, alinéas 1, 2 et 3).

Cette Convention fait-elle partie de notre droit ? Les réponses divergent.

La France l'a signée le 17 juillet 1980 ; ratifiée par une loi du 1er juillet 1983 (n° 83. 561) ; publiée par décret du 12 mars 1984 (n° 84. 183, publié au *Journal officiel*, 20 mars 1984).

Comme aucun recours devant le Conseil constitutionnel n'a été formé contre la loi de ratification, la loi devient la loi. Car conforme à la Constitution – donc applicable. On a envie – comme le professeur Francine Demichel[1] – de souscrire à ce raisonnement de droit et de bon sens.

En effet, un traité ratifié « fait partie du droit positif… » et « autorise… le Parlement à légiférer pour l'application de la

1. Professeur de droit constitutionnel, ancienne présidente à l'université Paris VIII, professeur de droit public et de sciences politiques à l'université de Paris VIII.

Convention ». Mais, certains spécialistes (dont les éminents doyens constitutionnalistes Georges Vedel et Louis Favoreu [2]) y apportent quelques réserves.

D'abord, « aucune disposition de la Convention n'impose le système des quotas ou de la parité », disent-ils ; mais, pourrait-on objecter, rien ne l'interdit. Au contraire. La Convention engage les États signataires à prendre des « ***mesures positives*** » (*affirmative actions* [3]), c'est-à-dire propres à assurer, par voie constitutionnelle ou législative, l'application du principe d'égalité dans la vie publique et politique.

Oui, mais certaines décisions l'interprètent comme de portée étroite : ainsi la Convention s'adresserait aux partis politiques, non au législateur [4].

D'autres, enfin (parmi lesquels le professeur Guy Carcassonne [5]), observent que la Convention ne fait peser sur les États signataires « aucune obligation de résultat qui serait sanctionnée en cas de défaillance ».

Juste. Mais une obligation de moyens n'aurait-elle pas quelque utilité, déjà ? Non, répondent-ils, cette Convention est inadaptée et inefficace en la matière.

Le débat a l'immense avantage de mettre en lumière l'inertie de l'État et le mauvais vouloir des partis politiques : plutôt que d'utiliser un instrument international, devenu partie de notre droit, à leur portée, ils l'ont enterré. La Convention est donc, aujourd'hui, lettre morte.

2. Georges Vedel, professeur émérite de droit public, ancien membre du Conseil constitutionnel, doyen de l'Université, a présidé le Comité consultatif pour la révision de la Constitution (1993) ; Louis Favoreu, doyen de la faculté d'Aix-en-Provence, professeur émérite de droit public, membre du Comité consultatif pour la révision de la Constitution.

3. Dispositions de la loi américaine faisant bénéficier de « discriminations positives » les Noirs, les femmes, etc., pour certaines embauches, l'entrée à l'université, l'accès aux administrations, etc.

4. Cour constitutionnelle italienne, 12 septembre 1995.

5. Professeur de droit public.

Que faudrait-il de plus pour qu'elle soit applicable et mise en œuvre par le législateur ? Réponse : rien. Ou : on ne sait pas. Après la loi de ratification et sa conformité constatée avec la Constitution, aucune formalité supplémentaire ne peut être exigée. Ou alors, comme il s'agit des femmes, faudra-t-il inventer un parcours (handicap) de la combattante pour la citoyenne soucieuse de son bon droit ? Histoire de maintenir le blocage ?

4) La **Quatrième Conférence mondiale sur les femmes,** Beijing (Pékin), 1995, proclame – il était temps – que les « droits des femmes sont les droits ***fondamentaux de la personne*** ». Ainsi, étions-nous (enfin !) admises à jouer dans la cour des grands, avec les hommes, dans le territoire déclaré commun des Droits de l'Homme, mais avec la persistance de je ne sais quel statut d'immigrées.

Alors, Beijing, concrètement, c'est quoi ? Après la Déclaration, le Programme d'action affirme qu'« une participation égale des femmes et des hommes à la prise de décisions établira un équilibre… nécessaire au renforcement de la démocratie et à son bon fonctionnement ». Voilà qui est bel et bon. Mais une Déclaration internationale – nous explique-t-on volontiers – ne met à la charge de ses signataires qu'une obligation purement « morale ». Que tous les pays de l'ONU y aient dépêché des délégations menées par des Premiers ministres et une partie de leurs gouvernants, des dirigeants politiques (et quelques épouses de chefs d'État aussi, car cela faisait mieux dans le tableau), ne change rien à l'affaire. Les politiques sont là pour surveiller, colmater les brèches, faire valoir leur action, veiller à barrer la route à certains écarts…, mais sûrement pas pour s'engager politiquement. Au point que l'on peut considérer l'engagement « moral » (qualifié ainsi sans doute par antiphrase) comme la possibilité de n'en prendre aucun.

L'affaire Sarah Balabagan – qui éclata deux ou trois semaines après cette conférence mondiale qui reconnaissait à la femme sa dignité et bannissait l'exclusion et la violence – illustra tristement la schizophrénie politique des États quand il s'agit de leurs femmes.

Sarah, âgée de seize ans et immigrée des Philippines dans les Émirats arabes, est employée de maison chez un vieux notable, veuf au demeurant. Sa vie, depuis les deux mois qu'elle a quitté les Philippines, peut se résumer ainsi : enfermée, dépouillée de son passeport, trimant comme une esclave, Sarah espère chaque jour toucher sa première paie. Elle se résigne et s'arme de patience... Ne s'est-elle pas exilée pour aider à nourrir ses nombreux frères et sœurs, son père chômeur et sa mère si vulnérable, qui vivent dans la plus grande pauvreté dans leur île de pêcheurs ?

Jusqu'au soir où son patron entre dans sa chambre et tente de la violer, sous la menace d'un couteau. Elle lutte, lui arrache le couteau et, dans une sorte de paroxysme nerveux, le frappe à plusieurs reprises de toutes ses forces décuplées. Le sang, la peur. Sarah est arrêtée. Les expertises se succèdent et se contredisent. Oui, elle a été violée. Non, elle ne l'a pas été. Oui et non. Il n'y eut que tentative. Ce qu'elle confirmera une fois libérée.

Elle est condamnée à mort. Indignation en France et dans le monde. Un comité « Pour sauver Sarah » est alors lancé par le mouvement Choisir la cause des femmes. De très nombreux appels de personnalités notoires dans les médias donnent à ce comité un essor fulgurant. Actions multiples, à la fois à l'échelle de démarches gouvernementales et de manifestations de soutien. Plus de 500 000 personnes – dont plusieurs dizaines de milliers de lycéens et collégiens – exigent qu'elle ne soit pas exécutée. Sarah a la vie sauve, mais un nouveau jugement (à Abu Dhabi, les procédures se suivent comme il plaît à l'émir, chef d'État), en commuant la peine de mort, la condamne au paiement d'une lourde amende à verser aux fils du violeur (« le prix du sang ») et ... à recevoir cent coups de bâton !

Nous voici brusquement, comme par un effet spécial de cinéma, renvoyés au Moyen Age. Que les Émirats arabes unis soient membres de l'ONU (la Déclaration Universelle), signataires de tous les textes cités et proscrivant « les jugements dégradants et inhumains », qu'ils se soient engagés, à Pékin, à lutter contre la violence faite aux femmes, ne semble pas, à leurs yeux, porter contradiction. Mais ils n'ont pu empêcher que l'affaire Sarah, commencée comme un fait divers, soit devenue une affaire d'État. Un État qui condamne à mort, flagelle et en même temps protège le clan des violeurs. Un État dont les puits de pétrole ont tenu à distance respectueuse les gouvernements occidentaux, champions des Droits de l'Homme, les États-Unis par exemple...

Conclusion : les affaires font rarement bon ménage avec l'universalité du respect de la personne humaine [6].

Sarah, emprisonnée pendant trente-neuf mois et bastonnée, recouvrera sa liberté. Une liberté relative : des « imprésarios » – ils ont senti la proie mirifique que cette adolescente brisée pouvait être – la gardent et l'accompagnent. D'où film sur le viol, tournées devant les télévisions européennes..., elle s'essaie même à la chanson yé-yé. Je l'ai vue dans une émission et j'ai eu de la peine à reconnaître en cette fille maquillée, accrochée à un micro et balbutiant je ne sais plus quel air à la mode, la jeune accusée voilée, arrivant entre ses gardiens au

6. La Conférence générale de Beijing n'en demeure pas moins un événement mondial important. Les rapports ont mis en lumière les discriminations massives dont souffrent les femmes dans le monde (70 % des femmes vivent en état de pauvreté). Malgré la « sainte alliance » – alliance contre nature – des intégrismes religieux occidentaux et islamiques, certaines libertés fondamentales des femmes ont pu être affirmées (droit à une libre sexualité, par exemple, et exigence d'une participation politique équilibrée entre femmes et hommes).

tribunal d'Abu Dhabi, ne regardant ni ses juges ni le public, s'avançant vers la cage qui lui était réservée, comme étrangère à son sort. J'avais alors tenté de lui parler, mais ses gardes m'en avaient empêchée. Malgré des engagements pris au plus haut niveau, le huis clos fut déclaré. Salle évacuée, public poussé sans ménagement vers la sortie. Un huis clos voisin de l'arbitraire.

Ce qui semblait n'avoir guère changé malgré le nouveau *look*, c'est l'infinie tristesse de son regard.

Voilà pour les mots et pour leur mise en scène. Qu'en est-il des faits et des chiffres ? Je me contenterai de n'en retenir que quelques-uns. Juste pour répondre à la question : « Et combien de femmes, dans tout ça ? »

Un chiffre global : ***11,6 %*** de femmes participent aux assemblées parlementaires dans le monde [7].

A l'Assemblée nationale française et depuis les élections du 1er juin 1997 après une élection anticipée : 59 femmes sur 577, soit 10,23 %. Jusque-là, elles étaient 32, soit 5,54 % (33 sur 545 en 1946, soit 6,05 %).

La réaction commune fut d'applaudir. Formidable, entendit-on, on a doublé le score ! Mais doubler zéro ou presque ne fait toujours que zéro ou deux fois presque zéro...

Contentons-nous donc de prendre acte de l'efficacité de certaines mesures volontaristes : les partis de gauche (PS et PC) et les Verts avaient décidé de présenter 30 % de femmes. Ils n'en ont désigné respectivement que 27,8 % et 26,8 % ; 27,7 % pour les Verts. Mais la stagnation de la représentation féminine s'en trouve légèrement débloquée. 17 % d'élues socialistes, 13,5 % de communistes.

7. Source : Union interparlementaire, New Delhi, 1997.

Au Sénat, les femmes sont 18 sur 321, soit 5,61 %.

Au gouvernement, les femmes occupent rarement plus de 10 % des postes de l'exécutif.

Surgit, en 1995, le record du premier gouvernement Juppé : 12 femmes ministres ou secrétaires d'État, soit 30 %. Du jamais vu ni osé. Nous étions encore sous le coup de l'enthousiasme quand intervint un remaniement ministériel. Douche froide. Deuxième gouvernement : 8 femmes sont priées de céder la place (ce qu'elles acceptent mal, à juste titre), d'où une participation féminine qui chute à 12 %.

Aujourd'hui, 8 femmes participent au gouvernement Jospin (6 femmes ministres et 2 secrétaires d'État), soit 23,07 %. Une femme – Martine Aubry – est numéro 2. Comme l'était Simone Veil dans le gouvernement Balladur.

Les autres chiffres restent hélas inchangés. Je n'en citerai que quelques-uns.

Dans les conseils régionaux (22), les femmes ne sont que 12 %. Un seul est présidé par une femme. La participation des femmes dans les conseils généraux est de 5,6 %, et deux d'entre eux seulement ont élu une femme à leur tête.

Les scrutins municipaux montrent une courbe ascendante : 17,7 % en 1989, 22 % en 1995. Mais combien de femmes maires, et de combien de villes importantes ? 7,6 % au total, mais 11 femmes seulement dans les communes de plus de 30 000 habitants et une à Strasbourg[8], ville de plus de 100 000 habitants.

Au Parlement européen, surprise. D'une manière générale, la représentation féminine est de l'ordre de 30 %. Quant à la

8. Ce n'est même plus le cas depuis que Catherine Trautmann, devenue ministre de la Culture et porte-parole du gouvernement, a dû renoncer à ses fonctions de maire.

représentation française, elle passe de 20 % en 1984 à près de 30 % aujourd'hui !

Miracle ? Changement de cap ? Ni l'un ni l'autre. Le scrutin de liste, d'une part, semble favoriser les femmes, et l'enjeu des élections européennes, d'autre part, n'est pas très clairement perçu par les électeurs. Mais la raison de cette progression singulière tient surtout aux pouvoirs réduits du Parlement européen. Essentiellement de nature consultative, ses prérogatives (bien qu'accrues par le traité de Maastricht en matière de vote du budget) sont encore faibles. La décision leur échappe. Toutes considérations qui ont sans doute incité les partis à y dépêcher quelques escadrons féminins de plus.

A noter cependant que d'autres pays européens maintiennent au Parlement européen l'avance générale qu'ils ont sur la France dans leur représentation nationale.

Ainsi, le Danemark a-t-il 43,75 % de femmes parmi ses élus. Même distinction pour les autres pays scandinaves. Pour l'Allemagne, 34,34 %. L'Espagne fait un bond considérable, passant de 10 % en 1984 à 32,8 % en 1994. Des pays à la traîne du féminisme et de la place des femmes dans la décision politique – l'Irlande (avec cependant une femme à la tête de l'État, Mary Robinson) avec 26,66 % et la Grèce avec 16 % (4 femmes pour 25 élus) – quadruplent leurs effectifs nationaux !

Je l'ai dit, on appelle l'Europe du Nord « terre des femmes », parce que, parmi les seize pays de l'Union, elle présente les scores féminins les plus élevés. La Suède et la Norvège se sont dotées de gouvernements strictement paritaires. Fini les ministres femmes au social, aux enfants, aux handicapés ou même à la culture ! Elles sont ministres des Affaires étrangères, de l'Intérieur, des Finances, du Travail, de la Justice...

Les assemblées parlementaires ambitionnent d'atteindre les mêmes résultats. Pas encore paritaires, certes, mais 40,4 % de femmes en Suède, 39,4 % en Norvège, 34 % en Finlande et même 33 % au Danemark, c'est à faire pécher par envie les autres Européennes... et d'abord les Françaises. Même l'Espagne, pays du machisme et du catholicisme, rescapée de la grande nuit franquiste, compte aujourd'hui 24,6 % de femmes élues à la Chambre des députés ! Quant à l'Italie, dont le droit civil se confondait jusqu'à une époque relativement récente avec le droit religieux, elle réussit avec ses 11 % de femmes élues à damer le pion à la France. Incontestables titulaires de la lanterne rouge, les dernières d'Europe (après la Grèce) jusqu'à ces dernières élections, nous voici promues au rang... d'avant-dernières !

Et notre rang dans le monde ? Nous occupons aujourd'hui le 71e rang. Après le Honduras, l'Ouganda ou la Mongolie ! Après Cuba (22,8 %) ou la Chine (21 %), après les États-Unis (10,8 % à la Chambre des représentants), après le Cameroun et le Sénégal (12 %) ou l'Afrique du Sud, dont la fin de l'*apartheid* a permis l'arrivée massive des femmes au pouvoir (25 %)[9]...

Vous m'avez bien lue. Il s'agit bien du pays de la Révolution française, de Condorcet et de Stendhal, de la civilisation aux échos universels, comme son esprit d'ouverture et de progrès. Il s'agit bien de nous, femmes de ce pays. Constat accablant. Et, disons-le, humiliant.

Comment en sommes-nous arrivées là ? Pourquoi ? Y a-t-il une Histoire de l'exclusion des femmes ? Quelles sont les racines de ce mal étrange dont souffre notre pays ?

9. Série *Rapports et Documents*, n° 28, Union interparlementaire, Genève, 1997. Tous les chiffres et statistiques de ce chapitre sont empruntés au document « Inclusion de la femme dans le domaine politique ».

3

Sans le sou, sans moyens, sans local, l'Observatoire…

« …Vous l'avez sûrement constaté, j'ai voulu montrer la voie en prenant douze femmes dans mon gouvernement. C'est certes un symbole, mais c'est surtout un message clair adressé au pays : il faut rompre avec les conservatismes qui nous ont trop longtemps privés de tout ce que les femmes peuvent apporter à la vie politique. Ainsi, si j'ai choisi ces femmes, ce n'est pas pour mettre des touches de couleur sur les photos prises sur les perrons des palais nationaux, mais c'est parce que j'avais besoin d'elles pour m'aider à réformer notre pays et le rendre plus juste et solidaire. »

C'est la première fois que je vois, et d'assez près, le Premier ministre. Debout, lisant consciencieusement ses pages dactylographiées, jetant de temps à autre un regard sur l'assistance, je le trouve ressemblant à la fois à ses photos et aux dessins de Plantu : front bombé, calvitie, bouche fine, tout y est.

Nous sommes à Matignon, et Alain Juppé, ce 19 octobre 1995, installe l'Observatoire de la parité entre les femmes et les hommes, créé par décret de la veille. Cérémonie convoquée à deux reprises et annulée. La troisième est la bonne. A la tribune, entouré par Colette Codaccioni, alors ministre chargée des Droits des femmes, et Roselyne Bachelot-

Narquin, députée RPR du Maine-et-Loire, rapporteure générale (c'est moi qui féminise l'orthographe ; c'est bien le moins pour ce genre de circonstances, non ?). Dans l'Assemblée, de nombreuses femmes, des journalistes, des caméras, des micros... Beaucoup de toilettes féminines « touches de couleur » comme vient de le souligner le Premier ministre. Il fait exceptionnellement beau ; un été indien. On a beaucoup babillé avant son arrivée, on sourit d'aise, on l'écoute.

Bref, une ambiance plutôt détendue. L'enjeu semble neutre ; en tout cas, il ne mobilise ni la majorité (pour), ni l'opposition (contre).

« Un dramaturge anglais, William Gibson, a dit : "Les femmes sont des hommes comme les autres." » C'est plus fort que moi, chaque fois que j'entends un orateur, surtout un politique, faire une citation, je recherche l'auteur cité, tente de retrouver l'époque, le texte, les œuvres... Je mesure ma mémoire en même temps que je note le propos. Opportun ? Significatif ? Signe de culture ? Ou simplement artifice pour rompre la monotonie du discours officiel, une sorte de clin d'œil pour susciter quelque complicité ? Les Américains ont leurs *jokes*, les Français donnent dans l'histoire ou la littérature.

Le Premier ministre entreprend l'hommage. Les hommages. D'abord à Colette Codaccioni, qui – il est juste de le reconnaître – a exprimé au nom de la France, à la Conférence générale de Pékin, l'exigence de maintenir certains acquis des femmes : le choix de donner ou non la vie (nous étions inquiètes, car on nous avait mises en garde : attention, Codaccioni a comme premier objectif d'abolir la loi Veil...) et d'en conquérir d'autres, fondamentaux, dont la parité dans la vie politique (ce qui était essentiel). Puis à Roselyne Bachelot, dont on apprend qu'elle cumule les mandats de conseillère générale (1982), conseillère régionale (1986) et enfin de députée (1988). Il évoque à peine son attachement à la cause des femmes, son militantisme féministe. Il l'appelle « madame le rapporteur général », puis « ma chère Roselyne..., vos convictions, votre caractère, votre expérience, vous allez désormais les mettre au service des femmes ».

Alain Juppé dit son discours sans flamme excessive. Quel conseiller, quel technicien en est donc le rédacteur ? Depuis certaines lectures, on sait tout sur le processus d'élaboration des discours officiels, à tous les échelons de la vie politique. De ceux qu'on appelle les nègres en littérature, ou les « plumes de l'ombre[1] » dans la vie publique, dépendent la justesse, l'image, l'analogie frappante d'un propos – et l'émotion, l'enthousiasme ou l'ennui de ceux qui l'écoutent. Impossible de faire autrement.

Le Premier ministre souhaite-t-il, aujourd'hui, nous convaincre et convaincre l'opinion publique de l'importance de l'Observatoire ? Y croit-il vraiment ou se contente-t-il d'être le fidèle exécutant de la promesse de Jacques Chirac, candidat à la présidence de la République ? Quelques mouvements féministes – dont le nôtre, Choisir la cause des femmes – avaient demandé la création de cet organisme, et, lors d'un entretien, le futur président avait formellement acquiescé – poussé par Roselyne Bachelot, présente ce jour-là – à deux demandes que je lui présentais : un Observatoire de la parité femmes/hommes et un débat à l'Assemblée nationale sur la place des femmes dans la vie publique.

Je me tourne et me retourne vers les chaises installées sous les ors somptueux de cette salle aujourd'hui ruisselante de lumières : celle du soleil entrant à flots par les baies et celle, puissante, des projecteurs. Tout le monde semble content.

Alain Juppé détaille leur mission aux membres de l'Observatoire. Nous sommes dix-huit[2], dans un ensemble assez

1. Cf. *Les Plumes de l'ombre*, par trois jeunes journalistes : E. Faux, T. Legrand et G. Perez, Paris, Ramsay, 1991.

2. Observatoire de la parité : outre Roselyne Bachelot-Narquin, rapporteure générale, il comprend Mireille Ballestrazzi, commissaire de police ;

hétéroclite, et nous devons être, précise-t-il, « les amplificateurs ou les censeurs des retards » dans la voie de la parité. Nos avis sur les projets de loi ou de règlement « ayant une incidence sur les droits des femmes » seront attendus. Nous informerons l'opinion publique par un rapport général remis au Premier ministre tous les deux ans et, surtout, nous formulerons des propositions pour atteindre cette parité [3].

Seule cette dernière partie de la mission sera remplie. Partiellement d'ailleurs, puisque le rapport que je remettrai, le 15 janvier 1997, au gouvernement, en compagnie de Roselyne Bachelot, ne concernera que la parité dans le domaine politique. Et qu'il sera le seul résultat concret de nos travaux. L'Observatoire n'a pris – et je le regrette – aucune initiative sur les travaux parlementaires ou ministériels en cours…

Après les discours d'assez bonne tenue féministe de la ministre chargée des Droits des femmes et de notre rapporteure, les journalistes s'égaillent : place aux interviews, chasse aux échos, recherche de photos insolites. Je m'amuse de la même question posée dix fois, vingt fois… « Qu'attendez-vous de cet Observatoire ? » et de la seule question réaliste : « Quels seront vos moyens ? » La réponse est claire : aucun.

Pierre Bodin, président de la Commission sociale de la Fédération de la plasturgie ; Emmanuelle Bouquillon, alors députée UDF ; Thierry Breton, écrivain ; Hubert Brin, Union nationale des associations familiales (UNAF) ; Jean-Claude Chesnais, Institut national d'études démographiques (INED) ; Chantal Cumunel, secrétaire générale CFE. CGC ; Gisèle Halimi, présidente de Choisir la cause des femmes ; Henri Hude, philosophe ; Martine Joly, trésorière de l'association Femmes chefs d'entreprises ; Jeanne Kaltenbach, professeur de biologie ; Christiane Lambert, Centre national des jeunes agriculteurs (CNJA) ; Paulette Laubie, Conseil national des femmes françaises (CNFF) ; Yolaine de Linarès, chargée de mission à L'Oréal ; Philippe-Jean Parquet, psychiatre ; Philippe Pemezec, maire de Plessis-Robinson ; Jacqueline Perker, Centre national d'information et de documentation des femmes et des familles (CNIDF) ; Évelyne Sullerot, écrivain.

3. Voir, en annexe n° 1, le texte du décret du 18 octobre 1995.

Le décret le précise, et l'avenir l'aura vite démontré. Pas de local spécifique, sinon une « domiciliation » au Service des droits des femmes ; pas le moindre crédit pour des recherches ou travaux ; pas de secrétariat particulier pour l'ensemble de nos activités : relations entre nous et avec les administrations et les tiers, assistance aux réunions, documentation, enfin – et ce fut le grand problème – frappe correcte et présentation de toutes les auditions des personnalités devant l'Observatoire. Toutes ces tâches furent remplies, tant mal que bien, avec approximations, erreurs, retards, mais avec un immense courage et une volonté de bien faire par le Service des droits des femmes. En sus de ses occupations habituelles, Danièle Refuveille[4] a veillé à ce que le compte rendu des auditions fût, à tout le moins, compréhensible. Hélas ! Certains propos, des noms et des titres échapperont à son contrôle et nous renverront à un bêtisier parfois savoureux.

La grande salle attenante – aussi impressionnante par ses ors et son mobilier que la première – bourdonne des conciliabules des groupes, des questions des journalistes, des flashs... En frôlant une élue RPR qui apostrophe notre rapporteure, je saisis au vol : « Tu exagères, vous êtes fous, mettre Gisèle Halimi dans l'Observatoire. Tu sais bien qu'elle est socialiste, dans l'opposition... » Je n'entends pas la réponse de Roselyne mais, à son éclat de rire sécurisant, je me dis qu'elle a su éviter toute polémique. Prise par une interview intéressante – l'avenir de l'Observatoire, les rapports à remettre, les auditions projetées... –, je m'aperçois à peine que la salle s'est vidée. Il ne reste que quelques photographes et journalistes, quelques invités qui piétinent, soudain désœuvrés... Mais où sont donc passés les augustes membres de l'Observatoire ? Et ceux du gouvernement ? Une dizaine de minutes plus tard, tout le bataillon est de retour, A. Juppé en tête, suivi de la

4. Adjointe au chef du Service des droits des femmes.

cohue. « On te cherchait partout (?), me dit Roselyne, contrariée. On vient de prendre la photo de l'Observatoire… » Il s'agissait bien sûr de la photo officielle historique « prise sur les perrons des palais nationaux » et suffisamment fournie en « touches de couleur » (12 femmes, 7 hommes, une fois n'est pas coutume, et vu la matière…).

Roselyne veut faire reprendre une photo pour que l'Observatoire soit au complet. « Alain, on y va, on en fait une autre avec Gisèle… » Le Premier ministre, par définition, est un homme pressé : « Une autre fois… Une autre fois… On aura l'occasion… » Et il s'esquive. Je n'ai rien dit. Je venais de manquer le passage à la postérité. Et l'Observatoire, sa seule touche d'une couleur (politiquement) différente des autres…

Après le 19 octobre, il y eut le 7 novembre 1995. Formation du deuxième gouvernement. 8 femmes en sont brutalement évincées. J'appelle Roselyne : « Il faut protester, c'est indigne ! » J'ânonne : « …Ainsi, si j'ai choisi ces femmes, c'est parce que j'avais besoin d'elles pour m'aider à réformer notre pays et le rendre plus juste et solidaire… C'est Juppé, tu te rappelles, qui a dit ça… Quinze jours plus tard, il n'en a plus besoin ou quoi ? Qu'est-ce que c'est que cette décision ? C'est inacceptable ! » Roselyne garde son sang-froid. Elle va demander un rendez-vous à « Alain » pour nous deux. « Aussi rapidement que possible, Roselyne… Il faut une explication… » S'ouvre alors le feuilleton de « l'agenda-du-Premier-ministre ». Trois ou quatre rendez-vous sont pris et décommandés *in extremis*. En général, c'est Roselyne qui m'informe du « contretemps ». Je me suis hasardée une fois à appeler moi-même un conseiller de Matignon. « Quel rendez-vous ? Mme Halimi ? Avec un H ? Je ne vois votre nom nulle part dans l'agenda du Premier ministre. » Propos servis de haut, avec le mépris du technocrate en place parlant à l'opposition qu'on vient de mettre à terre. « On ne vous attend pas. Je viens de me renseigner. Personne n'est au courant de cette demande de rendez-vous pour Mme Bachelot et vous-même... » Existent, il est vrai, quelques circonstances largement atténuantes qui secouent le pays et l'agenda-du-Premier-ministre (aucune, cependant, pour la discourtoisie et la hargne du cabinet). La machine du pays, petit à petit, se grippe. Grève des cheminots qui fait tache d'huile et dure... dure... Une réforme de la Sécurité sociale et du régime des retraites dont on ne veut pas. Il neige. C'est décembre... Bientôt les fêtes. La France est paralysée. Le Premier ministre consulte, répond aux interpellations de l'Assemblée, tente de communiquer. « Tu comprends, notre rendez-vous de 17 heures ne tient plus... Alain doit participer à une réunion de groupe à l'Assemblée... » Roselyne est-elle dupe ? Et si ces raisons sont sérieuses, n'y a-t-il pas d'autres moyens de protester ?

En définitive, nous ne fûmes pas reçues à Matignon, les huit ministres licenciées dirent leur mauvaise humeur (mais en restant dans le *mezzo voce* : il faut toujours ménager l'avenir pour qui entreprend une carrière politique...), et Roselyne donna quelques interviews au nom de l'Observatoire. *Exit* définitivement côté cour celles qui – « symbole et message clair au pays » – étaient entrées côté jardin pour aider Alain Juppé à « rendre [le pays] plus juste et solidaire ».

L'explication, ou ce qui voulait l'être, nous avons fini par l'avoir. C'était lors d'un de ces deux déjeuners offerts par le Premier ministre à l'Observatoire. Avantage incontestable de ces déjeuners, où une quarantaine de personnes – y compris les « bouts de table », comme on dit en langage diplomatique – s'entassent autour d'un immense ovale : faire connaissance avec certains de nos collègues de l'Observatoire. Parmi eux, il en est deux ou trois que je n'ai jamais vus, même à Matignon, où les « absents » chroniques se pressaient. Ainsi une jeune députée – la plus jeune, dit-on : jamais vue ni entendue.

D'autres qui expliquaient que leurs importantes fonctions ne leur permettaient pas de participer à nos travaux. « Dis-leur de démissionner et de laisser leur place... », ai-je suggéré à Roselyne. Ce qu'elle fit. Sa lettre demeura lettre morte. On voulait le titre, l'honneur, la fonction, le décret, que sais-je, et ne rien faire. Roselyne en était d'accord, mais son autorité de rapporteure ne lui permettait pas de révoquer la dizaine d'arlésiens et d'arlésiennes de l'Observatoire. Et puis, en femme politique engagée dans une carrière où l'on a besoin de soutiens, elle se devait d'éviter les clash. Au RPR, les clans jouent aussi à leur guerre et paix (armée).

Nous avons donc travaillé à quelques-uns, quelques-unes. A la moitié de nos effectifs. Et encore, par intermittence... Sauf les quatre ou cinq membres vaillants de la Commission politique, dont l'assiduité, l'intérêt, l'apport personnel original ne se sont jamais démentis [5].

Le 7 mars 1996, cette fois à l'occasion de la Journée internationale des femmes, déjeuner à Matignon. La plupart des invitées sont plus « touches de couleur » que jamais. Les ors républicains obligent-ils au froufroutage ? Mais, au fait, la Journée des femmes, n'est-ce pas le 8 mars ? Pourquoi donc cette anticipation ? Mystère levé : le Premier ministre part faire du ski le lendemain. Pour l'heure, Roselyne a – enfin – exprimé la protestation de l'Observatoire sur l'éviction humiliante (« elles ont été virées ») des huit femmes du gouvernement.

Réponse – si l'on peut dire – du Premier ministre : il fallait resserrer, il fallait tenir compte de toutes les sensibilités poli-

5. Notamment Mmes Jacqueline Perker et Paulette Laubie, MM. Philippe-Jean Parquet et Henri Hude.

tiques... Pourquoi les femmes, boucs émissaires du remaniement ? Pourquoi a-t-on laissé dire qu'elles avaient – déjà ! – fait preuve d'incompétence (en quelques semaines) ? Et qu'il fallait à la République des têtes d'hommes pour la servir ? A. Juppé bredouille un peu, il reprend ses explications du dosage, des exigences des partis dans la majorité, puis il finit par lâcher en direction de Roselyne et de moi-même : « Je sens très bien que toutes ces raisons n'en sont pas pour vous et que je ne vous convaincrai pas... »

Roselyne fait alors le point de nos travaux. Assez limité, puisque seule la Commission politique a quelque avancée concrète à faire valoir, et en particulier l'audition de grandes personnalités, incontestables dans leur domaine, constitutionnalistes, chefs religieux, chefs des partis politiques, historiens, sociologues, philosophes, etc. Ambiance agréable, déjeuner soigné. Quand vient mon tour de parler après Roselyne, j'évoque la modification – nécessaire – de la Constitution et conclus : « Mais rien ne sera fait, monsieur le Premier ministre, sans une volonté politique... » Je suis à la gauche de Roselyne, presque en face de notre hôte. Il me semble qu'il comprend – de loin – la démarche féministe, mais qu'il juge les autres problèmes – qui l'enserrent, eux, de près – prioritaires. Il regarde de temps à autre sa montre tout en achevant une phrase.

A tour de rôle, les autres convives s'expriment. J'attends avec curiosité le propos des absents chroniques. Facile. Elles/ils se réfugient dans la généralité sociologique, l'observation parcellaire sans grand rapport avec l'Observatoire, le tout sur un ton quelque peu mondain. Et le tour est joué. Ils sont toujours membres de l'Observatoire, même s'ils n'ont assisté à aucune de ses réunions. Et ils ont « dialogué » avec le Premier ministre. De quoi se faire des souvenirs heureux...

Lors de la première réunion plénière de l'Observatoire (nous étions dix ou onze, un record !) présidée par notre rapporteure, nous parlons méthode.

Des commissions sont formées [6]. D'emblée, je demande à m'inscrire dans celle sur la parité dans la vie politique. « Tu la dirigeras. » Accordé sans hésitation par notre rapporteure qui, présente à tous nos travaux, m'aura laissé la plus grande liberté pour les mener : choix des personnalités à inviter, présidence de la réunion, direction des questions/réponses. Nos féminismes paritaires se confondaient dans une totale symbiose. Nous faisions preuve de la même férocité dans nos critiques à l'égard des partis politiques – sans exception –, tenions les mêmes propos dans les médias, avons conclu ensemble, plus tard, à la nécessité d'amender la Constitution. Les journalistes s'en amusaient – la RPR et l'ancienne députée apparentée socialiste rigoureusement dans le même projet – et reconnaissaient que la parité était bien une cause transversale, qui impliquait le combat – et la réussite – de la gauche et de la droite. Nous répétions : c'est un changement de démocratie que nous voulons – pour les femmes et pour les hommes, pour la gauche et pour la droite.

« Alain me presse de lui remettre notre rapport », me dit à plusieurs reprises Roselyne avant l'été 1995. Il projetait lui-même une modernisation de la vie politique et y incluait l'exigence d'une plus grande place des femmes, l'interdiction des cumuls, etc. Les vieux caciques du RPR et ses instances

6. Commissions :
– Parité politique, animée par Gisèle Halimi ;
– Parité professionnelle, animée par Yolaine de Linarès et Raymond-Pierre Bodin ;
– Parité dans la vie privée, animée par Évelyne Sullerot et Jean-Claude Chesnais ;
– Enjeux internationaux, animée par Paulette Laubie.

au plus haut niveau n'avaient pas encore manifesté leur mauvaise humeur. En tout cas, elle n'apparaissait pas comme une menace. Quelques semaines plus tard, c'est la Fronde : la vieille garde du gaullisme prend le président de la République comme arbitre ; elle exige de rempiler pour les prochaines élections et se moque bien de cette modernisation à la Juppé. En ordre de marche, elle investit l'Élysée : avons-nous démérité ? Cette règle du non-cumul (qui impliquait aussi une retraite à soixante-dix ans...), d'où ça sort ? Qu'est-ce que c'est que cette mode de la jeunesse au pouvoir ? Et les femmes ? Manquait plus qu'elles ? etc. Et enfin, l'estocade définitive (« nous, les compagnons du Général, nous faire ça ! ») exécuta le projet mort-né. Et avec lui tout autre espoir de réglementer, de légiférer pour permettre aux femmes d'être élues. Un *niet* général. Non aux quotas, décide le bureau politique du RPR, le 9 octobre. Et pour que le refus soit aux femmes humiliation, Jean-François Mancel, secrétaire général, précise qu'il sera demandé aux candidats sortants « de prendre des femmes pour suppléants ». Rien d'autre pour les législatives. Pauvre Roselyne, qui déclarait à l'AFP le 24 septembre que son parti et J.-F. Mancel étaient très en pointe dans le combat pour la parité !

« Je me suis battue. Et j'ai été battue à plate couture... A tous les niveaux, "ils" sont contre. Tous, tous.

– Et elles ? demandai-je à Roselyne, véritablement sonnée comme par KO. Les femmes, dans ton parti ?

– Même elles, elles sont contre. A part une ou deux... » Elle cita Nicole Catala (ce qui ne m'étonna guère, son action en faveur des femmes opprimées – des Algériennes notamment – m'avait permis d'apprécier en elle une alliée) et Élisabeth Hubert (que son expérience personnelle – son éviction du gouvernement – avait sensibilisée). « A part ça, c'est une levée de boucliers... »

Moyennant quoi, la majorité ne proposa, pendant la campagne des législatives, que le rappel du règlement. Les généraux séditieux le restèrent. Ils refusèrent de céder leur place de candidats et ne furent guère sanctionnés. Résultat, après la dissolution de l'Assemblée nationale du 21 avril 1997 : 7,7 % de femmes candidates au RPR et 8,9 % pour l'UDF. Résultat du résultat au soir du 1er juin 1997, deuxième tour des législatives : 3,57 % d'élues au RPR (5 femmes) et 6,42 % à l'UDF (7 femmes).

Il devenait clair que le travail que nous menions, à la Commission politique de l'Observatoire, se situait en porte à faux avec la ligne misogyne des ministres et des instances de la majorité d'alors. Majorité à qui l'Observatoire se devait d'exister. J. Chirac et A. Juppé avaient-ils été désavoués, dans leur démarche, par le parti ? Et Roselyne allait-elle céder ou continuer le combat, envers et contre tous, dans son parti ?

J'avais commencé la rédaction du rapport sur la parité entre les femmes et les hommes dans la vie politique avant l'été 1996. Dès les premiers jours de septembre, je montrai le projet à Roselyne. Malgré la défaite qu'elle venait d'essuyer parmi les siens, elle fut avec moi telle qu'en elle-même. Elle ne suggéra aucun adoucissement des conclusions, aucune rectification de fond, aucun changement dans le plan ou la discussion. Bref, elle me laissa comme d'habitude mon entière liberté, et mon projet fut soumis à la Commission d'abord, à l'Observatoire plénier ensuite (c'est-à-dire à deux personnes de plus, les autres s'étant depuis belle lurette évanouis dans la nature...) et adopté. Y furent jointes deux observations.

C'est à ce moment-là – octobre-novembre – que je sentis du côté officiel un net freinage. D'abord dans les convocations des réunions (délais disproportionnés), ensuite dans l'absence scandaleuse de tous moyens (pour réaliser matériellement le rapport, peut-il sembler normal que ce document officiel soit écrit, tapé, rectifié, retapé, etc., sur les ordinateur et imprimante d'un de ses membres, c'est-à-dire de mon cabinet d'avocate, et moyennant de nombreuses heures de travail de ma propre secrétaire ?), enfin dans le refus entêté de Matignon de recevoir rapport et auteure.

J'avais, avec l'accord préalable de la Commission, consacré une page de ce rapport aux conditions de précarité dans lesquelles nous avions travaillé. A la première lecture, la Commission m'enjoignit de supprimer ce passage critique.

Donc, dès le début de décembre, je frappe à la porte du Premier ministre pour obtenir audience. Auparavant, des exemplaires du rapport avaient été déposés à Matignon et au ministère de l'Emploi, pour Anne-Marie Couderc, chargée des droits des femmes, par mes soins et, m'assure-t-on, par le Service des droits des femmes. Je me perds en appels téléphoniques aussi bien auprès du cabinet de Mme la ministre (une courtoisie et une affabilité remarquables) que de celui d'A. Juppé (une rogne-grogne de ces voix techno-mondaines qui semblent, avant tout, vouloir tenir à distance une plèbe quémandeuse). De projet de rendez-vous en absence des préposés à l'agenda, le temps passe et la manœuvre dilatoire s'amplifie. Mauvais signe : Roselyne, peu claire dans ses explications, multiplie les excuses, affirme avoir beaucoup insisté, me renvoie vers Anne-Marie Couderc...

Que se passe-t-il ? Que les conclusions se soient télescopées avec celles – parfaitement irréductibles – du RPR ne facilite guère les procédures ultérieures, sans aucun doute. Mais faire l'autruche ne tient pas lieu de politique. Un gouvernement ne peut à la fois mettre en place une mission et refuser d'en recevoir le compte rendu. Que le rapport crée un dilemme pour le gouvernement n'autorise en rien son commanditaire – le Premier ministre – à l'ignorer. Il peut ne lui donner aucune suite – ce qui, à peu de chose près, se produira le 11 mars 1997, lors du débat à l'Assemblée sur la place des femmes dans la vie publique –, mais non en économiser la lecture officielle.

De très mauvaise humeur, je déclare alors à la presse que si je n'obtiens pas audience dans les jours prochains, je déposerai devant témoins le rapport entre les mains des gardes à l'entrée de Matignon. Rapport remis à la guérite.

Rendez-vous nous est aussitôt donné, à Roselyne et à moi-même, pour le 15 janvier.

A l'heure précise, le Premier ministre nous reçoit. A ses côtés, la ministre Anne-Marie Couderc.

Je la connaissais pour lui avoir été opposée, dans ces face-à-face dont la télévision raffole, sur la nécessité de légiférer justement, et au préalable d'amender la Constitution, pour y inclure la parité en politique. Ce qui résumait les conclusions du rapport. Elle ne voulait rien « imposer », disait-elle. C'était aux partis de faire le ménage chez eux (mais nous avons vu leur capacité sur ce point, surtout dans l'ex-majorité). Je répliquai que légiférer est le dénouement démocratique d'un rapport de force qui bloque toute réforme égalitaire. Elle souriait, elle était vive, la repartie au bout des lèvres, elle se tournait vers le journaliste de droite, puis celui de gauche, qui la soumettaient à leurs questions croisées, toujours prompte à rattraper la balle, à protester de sa sincérité, de celle de son gouvernement. Avec moi, elle fut ferme mais amicale. Elle promit d'intervenir pour que le rapport fût remis à qui de droit – nous n'étions pas encore dans la période du franc rejet... J'eus l'occasion de la revoir une ou deux fois. On la disait militante dure et pure du RPR, pratiquant la langue de bois. Peut-être... Mais j'eus pour elle beaucoup de sympathie et, malgré nos choix politiques opposés, une très bonne relation s'établit entre nous. En fait, je me disais que les partis – gauche et droite – avaient besoin de leaders femmes combatives, convaincues pour convaincre et, comme notre ministre, complètement débarrassées de tout complexe d'infériorité à l'égard de leurs homologues masculins. Reste qu'elle ne voulait pas, disait-elle, de « mesures de coercition ». Je lui avais expliqué – et elle avait éclaté d'un grand rire de gosse – qu'il ne s'agissait pas de construire des goulags pour les hommes politiques.

Le Premier ministre, un bloc sur les genoux et un crayon à la main, attentif à mon propos, prend quelques notes. Son conseiller, un peu en retrait, en prend beaucoup. Anne-Marie Couderc intervient. Surprise : elle, « philosophiquement hostile à imposer par la loi », comprend qu'il en faut, des lois, peut-être même une loi constitutionnelle. Autre surprise agréable : Alain Juppé semble convaincu, puisque rien ne bouge, de la nécessité des réformes de fond et il trouve le travail de la Commission plutôt sérieux. Que proposons-nous, en substance ? Au préalable, une modification de la Constitution pour éviter une nouvelle censure du Conseil constitutionnel[7]. Procédure : un référendum sur la parité. Dans l'immédiat, quelques mesures accessoires aussi, et d'accompagnement : prime financière aux partis les plus féministes par le nombre de leurs candidates, restriction drastique du cumul des mandats et limite d'âge pour les candidats. Enfin, nous réclamons un débat parlementaire pour discuter de nos conclusions.

Je profite de la bonne entente régnant dans ce vaste bureau de Matignon pour rappeler cette promesse du président de la République. Roselyne m'appuie fortement. Le Premier ministre confie qu'il a tout le parti et les ministres contre lui : « Mon projet de modernisation de la vie politique, personne n'en a voulu. Alors, la parité pour les femmes... » Mais,

7. Voir *infra*, chap. 7.

« oui, je vais saisir l'Assemblée », nous assure-t-il. Il regarde sa montre, l'audience est terminée. Il nous raccompagne jusqu'au perron. Foule de journalistes, caméras, micros. « J'adhère totalement au constat de ce rapport, beaucoup de ses suggestions sont très judicieuses. » Le Premier ministre parle d'une voix résolue ; il cite quelques chiffres révélateurs de ce « dysfonctionnement démocratique » que constitue la quasi-absence des femmes élues et s'exclame, sincèrement convaincu (je crois) : « Ça ne peut plus durer, la situation aujourd'hui est inacceptable ! » Et d'annoncer alors le débat prochain à l'Assemblée nationale « pour examiner cette question et voir quelles propositions législatives, voire constitutionnelles » pourraient être prises.

Hourra ! Ce 15 janvier apporte aux femmes une double victoire de principe : le gouvernement s'est rallié à la nécessité d'adopter une démarche volontariste (le tabou de la modification de la Constitution est surmonté) et la représentation démocratique va – enfin – consacrer aux femmes un grand débat public. Pour décider. Un pas qualitatif considérable est fait.

Du moins en étions-nous persuadées.

C'était compter sans la charge puissante menée par les « barons » et les responsables du RPR, soutenus par une partie de l'UDF, contre tout changement significatif. Conservatismes et blocage des mentalités sans doute, mais aussi refus catégorique de laisser la place… et, de plus, à des femmes…

4

Y a-t-il une Histoire de l'exclusion des femmes ?

L'œil mauvais, la lèvre jubilatoire, le misogyne qui veut « donner » dans l'Histoire ancienne évoque à satiété les exemples grec et romain. « La démocratie grecque, c'est la source de tout, l'alpha et l'oméga. Notre système le plus ancien, l'ancêtre de toutes les démocraties... La Cité grecque, les plus grands philosophes : Platon, Aristote... Souvenez-vous du *Banquet*... Tous ont exclu radicalement les femmes... » Et d'ajouter que les incapacités qui frappaient les femmes romaines en droit public étaient de même nature que celles de droit privé – l'Antiquité, c'est le seul enseignement qui ne déçoit pas. C'est aussi dans ce temps précieux que même l'altérité reconnue aux femmes – une identité autre – par rapport aux hommes aboutit, en somme, à leur infériorisation.

Au XVe siècle, en France, la femme existe mais ne s'appartient pas. (Est-il meilleure définition de l'aliénation ?) Elle est partagée entre Dieu – patron de son âme – et son mari – propriétaire de son corps.

La loi salique – pierre de touche de l'illégitimité des femmes au pouvoir – interdit aux filles, dans l'ordre de la descendance, de monter sur le trône. Quand l'a-t-on utilisée la première fois pour écarter une femme de la succession royale ? Les juristes sont divisés : pour les uns, au XIVe siècle ; pour les autres, cette exclusion daterait de l'époque des Francs. Y a-t-il une raison quelconque pour justifier cette loi, une des très rares lois fondamentales du royaume ? On y va toujours du même refrain : souvent femme varie, l'instabilité féminine ne sied pas à un monarque, etc. La crainte aussi de voir tomber « en quenouille » la couronne et passer ainsi sous la domination étrangère [1]. La source historique de l'exclusion des femmes en politique serait donc la fameuse loi salique ? Pas tant que cela, rétorque Éliane Viénot [2]. Ferme, presque cassante, tant la rigueur de son bref exposé devant l'Observatoire ne laisse place à aucune nuance dans laquelle le traître antiparitariste pourrait se glisser, elle séduit, d'emblée, son auditoire. Elle connaît l'Histoire, celle de l'exclusion des femmes surtout, et elle l'analyse et l'explique objectivement. Mais elle s'annonce d'abord telle que nous l'écouterons : « Je suis ici à deux titres : comme historienne spécialisée dans les rapports des femmes à la politique et, depuis 1993, comme militante... pour une loi sur la parité hommes/femmes dans la vie publique. » Incompatibilité ? Mélange des genres ? Je ne le crois pas, dans la mesure où l'analyse des faits du passé comme son projet pour une autre démocratie ne prêtent à aucune critique. On peut discuter les modalités de « sa » parité, mais l'exclusion des femmes telle qu'elle la plante dans l'Histoire est saisissante. Radicale et sans merci. Pourtant, les femmes, en France, de la fin du XVe jusqu'au milieu du XVIIe siècle, sont celles qui ont eu le plus de pouvoir politique en Europe sous l'Ancien Régime. Elles ont gouverné, dirigé des fiefs. Catherine de Médicis est souvent donnée comme l'exemple du pouvoir – bon ou mauvais – presque absolu. Mère de plusieurs rois, régente de France, elle se

1. Natalie Zemon Davis, « La femme au politique », in *Histoire des femmes en Occident*, t. III : *XVIe au XVIIIe siècle*, Paris, Plon, 1992.

2. Historienne, membre de l'association Parité-Infos.

battit pour leur donner une autorité légitime. Elle décida de rétablir l'ordre dans le royaume et de réconcilier huguenots et catholiques. Mais a-t-elle agi pour ce faire différemment d'un homme en charge de la régence ? D'évidence, non. Elle fit de la politique dans tous les sens – le meilleur et le pire – du mot. Utilisant les courtisans et les dressant les uns contre les autres dans des complots dont elle tirait les ficelles, lançant des appels à la « paix populaire » en même temps qu'elle excluait les protestants de certaines charges, le malheur voulut qu'elle échouât. Le sang de la Saint-Barthélemy fit d'elle une « sorcière », une « empoisonneuse italienne », une usurpatrice de la couronne. Bref, « son gouvernement funeste représentait exactement ce que la loi salique entendait éviter[3] ». Un homme à sa place eût-il échoué de la même manière ? Sans aucun doute, pour peu qu'il eût commis les mêmes erreurs. Mais l'important fut, en 1575, de dénoncer « l'appétit des passions » qui régit les femmes, et d'appeler à la stricte application de la loi salique. Si elles sont mises systématiquement à l'écart de la scène politique au milieu du XVIIe siècle, explique Éliane Viénot, c'est d'une part parce que l'aristocratie perd progressivement son influence alors que, dans les fiefs, femmes et hommes de la noblesse gouvernaient indifféremment, et d'autre part parce que l'État français, accentuant rapidement sa centralisation, a permis aux hommes bourgeois d'en investir les institutions. Institutions qui « sont devenues les chasses gardées des hommes (armée, parlements, corps intermédiaires...) ».

Le nœud central de l'exclusion, c'est la Révolution. Et le dire, le dénoncer, comme le fait implacablement l'historienne, ne nous enlève en rien, quoiqu'en disent certains enragés de l'antiparitarisme, le droit et la fierté de revendiquer le bouleversement épique qu'elle insuffla à la France et au monde.

3. Natalie Zemon Davis, *op. cit.*

« L'éviction politique totale des femmes, lors de la Révolution, n'est ni une aberration, ni un oubli, ni le fait d'un retard : c'est l'aboutissement d'un processus entamé plus d'un siècle auparavant et qui s'appuie non pas sur l'idée que les femmes seraient incapables, ou pas encore capables d'exercer le pouvoir, mais au contraire sur la certitude qu'elles en sont capables, qu'elles l'ont prouvé. Les hommes qui ont fait les différentes Constitutions à partir de 1791 et qui, tous, étaient pour un suffrage censitaire, c'est-à-dire réservé aux classes aisées et éduquées, savaient parfaitement que des femmes (et au premier chef celles avec lesquelles ils vivaient) étaient tout à fait capables de participer au pouvoir. L'élimination des femmes, quels que soient les prétextes qui aient été mis en avant (suppôts de l'Église ou de l'aristocratie...), correspondait en fait à un objectif simple et parfaitement cynique : la volonté d'éliminer, dans un système politique qui s'ouvrait désormais à des milliers de gens, la moitié des concurrents possibles[4]... »

Mais comment, au siècle de la rationalité, justifier cette éviction massive ? Il fallut bien construire une explication, un système. Le droit et la philosophie furent appelés à la rescousse. Avant le Code civil et Napoléon, la pensée des Lumières avait échafaudé les principes abstraits de la démocratie, déterminé leur fonction concrète, arrêté la naissance d'un nouvel ordre social. Le tout habillé en théories institutionnelles, présenté comme un projet de société bardé d'une référence morale. Comment faire autrement, car, écrira Guizot plus tard, « il faut toujours une doctrine à la force, même supérieure, tant les hommes ont besoin de croire et de faire croire qu'ils ont raison » ?

Le pays de l'égalité s'interroge tout de même sur l'exclusion des femmes de la citoyenneté. On peaufine donc la divi-

4. *Ibid.*

sion de la société en deux domaines distincts : le public, pour les hommes, et le privé, pour les femmes. On dit d'elles qu'« elles gouvernent la maison » ou qu'elles incarnent la fonction de garde de cet espace, ce qui renvoie à des vertus bien féminines. Est-ce pour ces raisons que Rousseau les appelle « aimables et vertueuses citoyennes » ? Condorcet, Guyomar, à la fin du XVIIIe siècle, n'empêcheront pas, malgré leur talent et leur courage, que les femmes soient boutées hors de l'espace public.

Le XIXe puis le XXe siècle aggravent l'inégalité entre les sexes en institutionnalisant la division des sphères et en tentant, ajoute Éliane Viénot, de la justifier scientifiquement. « Le système politique s'est cimenté dans cette idéologie des deux sphères séparées, et le ciment tient toujours », conclut-elle.

Il est vrai que toutes les Constitutions, depuis la Déclaration Universelle des Droits de l'Homme et du Citoyen, ont refusé à la femme le droit d'être partie prenante de la République, au même titre que les hommes, et à tous les niveaux. Il faudra attendre celle de 1946, qui inscrira en son préambule le principe de l'égalité entre femmes et hommes dans tous les domaines.

Et aujourd'hui ? Aujourd'hui, Éliane Viénot ne veut pas entendre parler de « mesurette », mais exige une loi que l'État imposerait aux partis. « Une mesure solennelle qui reconnaît le préjudice fait à la moitié de la nation française lors de la fondation de la République… » Ce propos nous secoue agréablement. Du moins, certains – je dirais certaines – d'entre nous. Revendication claire, radicale, vigoureuse, qui rend tonique notre échange de questions/réponses. Il souffle dans ce deuxième bureau de l'Assemblée nationale – où siège la Commission politique – un vent de détermination, de rigueur, de volonté de comprendre pour mieux combattre l'injustice. Finis les jérémiades, les demi-mesures, les compromis, les phrases balancées. Je regarde du côté des hommes, en général plus craintifs dans le domaine de la réforme. L'historienne a gagné son pari, ils semblent convaincus. Elle est chaudement félicitée par chacun d'entre nous. Si elle n'a pas eu raison des irréductibles, du moins leur a-t-elle donné matière à réflexion. Et exigé que leurs armes soient autrement et mieux fourbies.

Les Femmes et la Citoyenneté politique en France. Une frontière difficile à franchir. C'est sous ce titre que Michelle Perrot[5] nous offre un récit « des événements qui jalonnent cette histoire d'une exclusion » et décrit les éléments de cette spécificité française.

Michelle Perrot parle d'une voix égale, sans rupture de ton, donnant l'impression de se placer au-dessus de la bataille et de ses enjeux. J'ai lu nombre de ses ouvrages, séminaires, articles. Je l'ai écoutée dans des colloques, notamment dans ceux où « Choisir » l'avait invitée. Thème : les femmes et leur dignité. Dignité qui passe par celle d'être une citoyenne à part entière. Historienne de talent et de grande notoriété, Michelle Perrot a le militantisme serein. Elle court d'un bout à l'autre du pays, de l'Europe et d'ailleurs pour apporter l'appui de ses recherches incontestables à qui le demande. Scrupuleuse à l'extrême, le moindre de ses articles comporte une bibliographie méticuleuse presque aussi longue que le texte lui-même. Certaines militantes de « Choisir », qui lui vouent une très grande admiration, se plaignent cependant de ce que nos publications ou mes livres et conférences soient rarement mentionnés sur sa liste... Pourtant, disent-elles, la parité, nous

5. Historienne, professeur émérite de l'Université, auteure avec Georges Duby de *L'Histoire des femmes*, Paris, Plon, 1991-1992, 5 vol.

avons écrit et argumenté « pour » depuis 1989 au moins, nous avons donné un argumentaire constitutionnel..., et Gisèle Halimi, députée à l'Assemblée nationale, est l'auteure de « l'amendement des quotas » en 1982 ! Pour ma part, je ne vois dans cette absence qu'automatisme d'universitaire – qui ne cite que les collègues – et pas la moindre malignité ou exclusive[6].

Historienne de l'Histoire des femmes, elle devient objectivement, pour beaucoup d'entre nous, l'historienne de la cause des femmes : « La Révolution française constitue la scène primitive de l'Histoire... de cette exclusion... » « Par un décret du 1er octobre 1789, elle reconduit la loi salique, en en faisant une loi constitutionnelle. » « Les Seconde et Troisième Républiques accroissent encore cette exclusion du fait que le suffrage devient "universel" pour les hommes, sans y faire accéder les femmes... 1848 opère une rupture entre socialisme, mouvement ouvrier, et féminisme, désormais qualifié de "bourgeois"... »

Je me dis en l'écoutant que la revendication de justice et d'égalité des femmes leur a toujours valu injures et mépris. La lutte pour la contraception et l'avortement n'était-elle pas considérée comme « bourgeoise », « malthusienne » par les dirigeants communistes (J. Veermersch-Thorez) et certains socialistes orthodoxes des années 60 ? Et le viol un « thème de salon », avant que les féministes (ré)organisent sa criminalisation dans le Code ?

L'espérance mise par de nombreuses femmes – dont Hubertine Auclert et son journal *La Citoyenne* – en la Troisième République est trahie. « Le droit de suffrage, rappelle-t-on, est une fonction, pas un droit (ce que disait déjà Sieyès). » Michelle Perrot raconte l'Histoire avec la rigueur exigée des spécialistes. Mais elle y ajoute l'anecdote ou la citation qui

6. Voir annexe n° 2 : « Liste des travaux de Choisir la cause des femmes sur le thème de la parité en politique ».

feront revivre un passé en l'accrochant, en images et en mots, à notre mémoire. Tout au long de son exposé, elle évoquera l'opposition farouche des sénateurs au vote favorable des députés (six fins de non-recevoir depuis 1914 !), l'inertie du Front populaire (les radicaux craignaient l'influence de l'Église sur les femmes) et la tentative de Vichy d'octroyer aux ***mères*** une représentation dans les conseils municipaux. Nous voilà à l'ordonnance de l'Assemblée consultative d'Alger du 21 avril 1944 : « Les femmes sont électrices et éligibles dans les mêmes conditions que les hommes. » La question est tranchée, mais, ajoute-t-elle avec une certaine appréhension : « l'absence des hommes prisonniers... [ne] risquerait[-elle pas] de rendre aventureux le vote d'épouses privées de leurs éducateurs naturels ? ».

L'Histoire a identifié le politique aux hommes. La circonscription a remplacé le fief de l'Ancien Régime. La galanterie – arme redoutable des hommes – écarte les femmes du pouvoir « comme un astre trop brûlant pour elles... ou des joutes politiques où leur fragile beauté n'a rien à faire ». Avec un sérieux à peine teinté d'ironie, elle précise que les femmes – selon Guizot – pervertiraient la pratique politique si elles s'en mêlaient. Et puis la rupture entre Ancien Régime et modernité s'est effectuée de telle manière que « le citoyen se substitue au roi, décapité... Un tel transfert de sacralité ne peut s'opérer qu'au bénéfice du mâle... », « l'activité la plus noble et le service public appartiennent à ce substitut des princes que sont les hommes ! ».

Ainsi se définit et s'organise la politique : le domaine exclusif des hommes. Toujours la théorie des deux sphères : publique pour les hommes et privée pour les femmes. Chacun chez soi et l'ordre (patriarcal) sera bien gardé. La Nature « qui assigne les femmes à leur corps » et l'Utilité sociale (« elles sont faites... pour vaquer dans l'ombre protectrice du foyer ») sont appelées à la rescousse. Les partis politiques construiront plus tard cette « société monosexuelle » où les femmes sont interdites. « On sait comment, reprend Michelle Perrot, Gambetta demanda à la marquise Arconati-Visconti d'exclure les femmes de son salon dès lors qu'elle entendait l'y recevoir lui-même et ses amis républicains… »

« Le mufle ! » Quelqu'un près de moi a lâché le mot.

« La parole publique, poursuit Michelle Perrot, est quasiment interdite aux femmes. A la tribune, elles sont incongrues. Elles déchaînent l'hilarité pour leur filet de voix, leur manière de parler. Il leur faut faire l'apprentissage d'une pratique dont les règles n'ont pas été conçues pour elles. Que dire du *look* politique ? Il n'a pas été élaboré pour des femmes. Trop féminines, elles suscitent la convoitise qui les transforme en objet. Plus masculines, elles s'attirent le sarcasme. Sur la scène politique, la femme est un objet déplacé, offert aux regards masculins. »

« C'est tout à fait ce qui se passe ici, à l'Assemblée, me chuchote Roselyne.

– Ça n'a pas changé depuis "mon" temps et celui de la pauvre Édith Cresson », lui dis-je. Signe d'évidence accablée.

Et puis, la vérité, c'est que les femmes n'aiment pas cette « bataille et mise à mort » (au moins symbolique) qu'est la politique. La violence les repousse. « Alors, que faire ? »

Nous attendons avec curiosité les propositions de Michelle Perrot. Je me dis qu'en historienne consciente des limites de son propos, elle ne s'aventurera pas. « Alors, que faire ? reprend-elle. L'affirmation de la parité est en soi une révolution symbolique infiniment plus importante que celle de la nécessité de quotas. Faut-il une loi pour la rendre effective ? C'est toute la question. Pourquoi pas ? Le droit n'est ni naturel ni universel, mais une construction durable destinée à réguler les rapports sociaux à un moment donné du temps, et à les faire progresser. »

Quand elle s'appesantit quelque peu sur le rapport des

femmes à la loi, je redouble d'attention. Certains mouvements féministes qui se voulaient radicaux n'avaient-ils pas voué aux gémonies celles – de l'association « Choisir » et d'autres – qui réclamaient une loi après l'abolition de la répression de l'avortement ? « Le mouvement des femmes… s'est montré très soucieux des définitions du Droit. Non qu'il nourrisse l'illusion que le Droit modifie à lui seul la réalité. Mais il est à la fois un symbole et une arme, offensive et défensive. Dans une société de Droit, le Droit est nécessairement un terrain fondamental. » Jubilatoire. Génial ! comme vient d'apprendre à dire ma petite-fille de cinq ans. Et dans sa lancée, Michelle Perrot répond aux universalistes ancrés dans leur abstraction et refusant de considérer l'enjeu de la démarche paritaire : « L'objection de l'abandon de l'universalisme de ce système en est-elle bien une ? Quel est cet universel qui l'est si peu qu'il a théoriquement et pratiquement entériné, voire organisé, l'exclusion de la moitié de la société ? Quelle est cette Cité où les droits humains seraient, en matière politique seulement, les droits de l'homme sexué ? »

On est heureux d'avoir écouté les pendules battre enfin à l'heure… On se sépare. « On se sent plus intelligent », dit Jacqueline Perker.

5

Les racines du mal

La responsabilité la plus lourde et la plus ancienne de l'exclusion des femmes – elle remonte à l'Ancien Testament – incombe, sans nul doute, aux grandes religions monothéistes.

Toutes ces religions ont en commun le principe de l'inégalité des sexes (« la valence différentielle des sexes », selon Françoise Héritier). Inégalité, source d'infériorisation de la femme. Infériorisation que, durant des millénaires, les femmes ont plus ou moins intériorisée. Dieu n'était-il pas masculin bien qu'asexué ? Seules diffèrent l'« explication » et les raisons pour la maintenir.

Ainsi, Jésus n'ayant été entouré que d'apôtres masculins, l'Église de saint Pierre maintient l'interdiction de l'ordination des femmes. Pour le judaïsme, ce serait l'impureté de la femme qui l'exclut du culte « actif ». La présence de participantes de sexe féminin est *absence* lors de prières où un nombre déterminé de fidèles mâles est exigé par la Thora pour célébrer une cérémonie.

Il y a bientôt deux ans, je perdis ma mère. Fille de rabbin, elle mélangeait des rites dont elle ignorait tout, étant femme, à une forte dose de superstition. L'âge, comme souvent, aggrava sa dépendance religieuse.

Pour ses obsèques, mon frère, plus au fait de ces pratiques, fit appel à un rabbin pour les prières. Il m'avait consultée ; j'étais évidemment d'accord.

A mon arrivée au cimetière, il m'emmena auprès du rabbin. « Merci, monsieur le rabbin, d'accompagner ma mère par le Kaddish [prière des morts]. Elle était très pieuse, vous savez... » Et je lui tendis la main pour le saluer. Il fit un bond en arrière comme pour éviter le serpent de la Bible. « Ah, non, non ! Je ne vous serre pas la main, madame, la religion nous l'interdit... » Et devant mon air interloqué et mon bras toujours tendu, il ajouta : « Excusez-moi... C'est comme ça... »

C'est comme ça... L'impureté des femmes est telle que l'homme juif risque d'en être contaminé par le simple contact d'une main.

Le droit mosaïque – dans certains rites sépharades – permet répudiation et polygamie et impose le foulard. A un degré moindre, le protestantisme a établi cependant un *leadership* de l'homme dans la religion. Quant au Coran, la lecture de la sourate « femmes » et ses interprétations – même les plus bienveillantes – ont construit un être éternellement mineur sous la tutelle de l'homme – le père, le mari, le frère, le fils. La femme peut être répudiée comme un objet qui a lassé ou fini de servir. Étrangère à ses biens, à ses enfants, à sa vie.

Même la France, dont la Constitution met la laïcité au rang des principes de la République (article 1er), reste imbibée en profondeur, dans sa culture, des préceptes et tabous judéo-chrétiens. L'enfermement religieux des femmes prend sa source dans la Genèse, où Dieu (Elohim) dit à Ève : « Je vais multiplier la souffrance de tes grossesses. Tu enfanteras dans la douleur. Ton élan sera vers ton mari, mais lui, il te dominera. » Le destin de la femme est ainsi tracé. Comme les origines du partage sexuel des rôles. Quant à la religion catholique, « il fallait prouver qu'elle ne dévirilisait pas l'homme...

Et cela aboutit parfois à une mise en tutelle des femmes [bien que] moindre dans l'Église que dans la société civile... dans la période du Moyen Age », reconnaît le cardinal Lustiger[1].

Je l'avais joint, brièvement, par téléphone pour lui faire part du souhait de l'Observatoire de l'entendre. Nous nous étions rencontrés à l'Élysée quelques années auparavant, lors d'une remise de Légion d'honneur par François Mitterrand. Il m'assura, avec élégance, qu'il s'en souvenait et que le thème de nos recherches l'intéressait. Il viendrait donc dialoguer avec nous. Pour les détails, nous devions traiter avec le secrétaire de Monseigneur. Le secrétaire était un homme affable et précis. Plus, peut-être : méticuleux et rompu aux habitudes de son maître. Ainsi l'heure que je proposais ne convenait pas, car « Monseigneur fait la sieste ».

Le jour convenu, deux ou trois membres de la Commission se proposent pour aller l'accueillir. Je l'attends, pour ma part, à la porte du deuxième bureau de l'Assemblée. Il arrive habillé en civil, ce qui me le rend aussitôt modeste et accessible. Il s'installe vite au petit bureau réservé à nos invités et nous fait part de ses préoccupations, c'est-à-dire les déséquilibres actuels de la société : « chômage, divorce, instabilité familiale, sida, enfin il y a tout ce que l'on voudra... ». Il évoque « une dimension thérapeutique du corps social qui passe par la reconnaissance du rôle propre des femmes et la réévaluation du rôle masculin ».

Liant constamment la représentation des femmes dans l'espace politique et le fonctionnement social, Mgr Lustiger, avec une voix à la force contenue, développe brillamment la thèse de la globalisation de l'évolution – ou de la dégénérescence – d'une civilisation. Nous avons en face de nous un grand conférencier à la vaste culture, qui tente de décortiquer les aspects de notre société.

1. Archevêque de Paris, membre de l'Académie française.

Une rapide digression laisse transparaître son inquiétude d'« Européen convaincu » sur le sort « des cultures, des identités nationales, des nations ». A une interpellation de Roselyne Bachelot, respectueuse : « Monseigneur, je parle ici aussi en ma qualité de catholique », mais ferme, « le refus de la participation des femmes à la hiérarchie catholique à l'exercice du culte, je n'arrive absolument pas à le vivre et à l'assumer... », le cardinal fait une réponse d'une grande complexité qui – pardon, Monseigneur ! – semble affaiblir la précision du propos. Il paraît soudain moins à l'aise dans la justification. Je lui sais gré cependant de nous épargner l'anachronisme affligeant et commun de la présence masculine des apôtres. Il ajoute : « On ne peut pas proposer une politique qui transposerait sur le fonctionnement de la société la gestion du pouvoir tel que Jésus le demande à son Église. »

Quant à la réforme du statut de la vie politique, « le féminiser, donc le réhumaniser », c'est, pour Mgr Lustiger, « corriger le jeu spontané qui entraîne la prédominance de fait d'un rapport de force », et enfin c'est « opter pour un certain volontarisme ».

N'oublions pas que c'est grâce au « volontarisme » d'un certain concile de Nicée, en l'an 325, que fut tranchée la question : les femmes ont-elles une âme ? Débat crucial. Réponse (à l'arraché) : oui. Avec cette réserve importante que notre âme est d'une autre « essence » que l'âme masculine. Quelque chose comme « une forme déviante de l'homme » se perdant dans un « cloaque », nous ont assuré les saints (Paul, Augustin, etc.) et ne se manifestant qu'au bout d'un certain nombre de semaines, voire de mois. Celle de l'homme coexiste bien sûr avec la formation de la première cellule différenciée (le zygote). L'âme masculine, donnée immédiate de l'Église !

Reconnaissons cependant que la dignité de créature de Dieu, conférée par le christianisme à la femme, représente incontestablement un progrès libérateur, fondamental.

Mais qui, se limitant à la personne privée, maintient aujourd'hui l'interdiction qui frappait les femmes de toute fonction publique. Ni prêche ni sacerdoce. Tout juste bonnes à former le public des offices, un public dévot et muet.

Plus déterminé à dénoncer la misogynie des Églises, le pasteur Gérard Delteil[2] ne mâche pas ses mots : « L'inégalité entre les hommes et les femmes... touche au plus profond des structures mentales qui nous constituent. Nous sommes renvoyés ici au plus archaïque, pour reprendre une expression de Françoise Héritier-Augé, “à la profondeur d'ancrages symboliques qui passent inaperçus aux yeux des populations qui les mettent en pratique”. Or les facteurs religieux ont joué un rôle considérable dans l'élaboration et la légitimation de ces “ancrages symboliques”. C'est dire l'importance d'une réflexion des communautés religieuses sur cette question. »

Jeune, le regard franc, le visage ouvert, le pasteur Delteil, en me serrant la main, me redit ce qu'il avait évoqué lors de notre entretien téléphonique. L'indépendance de l'Algérie, la lutte contre les tortures, le droit pour les femmes de choisir leurs maternités, autant de batailles qu'à sa place et avec ses moyens il avait menées ou approuvées sans réserve.

Sa pensée audacieuse, il la développe presque à mi-voix, avec la plus parfaite sérénité. Je le sens en phase avec notre recherche qu'il pose à partir des Écritures, auxquelles aucune soumission servile n'est due : « L'écriture est le serviteur, Christ est son Seigneur... »

En rappelant ainsi ces propos de Luther, le pasteur veut nous inviter, comme son Église, à une remise en question des attitudes, des comportements et des structures.

2. Représentant la Fédération protestante de France, professeur de théologie.

Réflexion et lecture des Écritures, donc, qui devraient aboutir – selon son vœu – à « une parole évangélique plurielle » et, surtout, « à la préservation d'un espace laïc... dans l'accueil des différences ». Des propositions qui pourraient presque, à elles seules, définir un humanisme républicain, moderne et tolérant...

Avec une certaine fierté, il nous communique le constat fait dans sa « maison » : participation en moyenne à 40 % – « en bien des lieux, la parité se trouve réalisée... » – des femmes dans les conseils presbytéraux élus, partage du pastorat (les femmes pasteurs sont aujourd'hui 10 à 20 %), mais tendance vers la parité, développement de la réflexion éthique pour soutenir l'évolution législative. Le protestantisme a ainsi, dès 1956, pris position en faveur de la contraception et, dès 1971, de la légalisation de l'avortement.

Quand le pasteur Delteil évoque ce moment fort de la lutte des femmes et l'action du mouvement « Jeunes femmes », j'ai presque envie de l'interrompre pour conforter son propos. C'est en effet, avant même le procès de Bobigny, la première organisation de femmes qui m'avait demandé, devant un public impressionnant par son nombre et sa qualité d'écoute, de prononcer mon plaidoyer pour le droit des femmes de choisir leurs maternités. Et beaucoup de celles qui y assistaient décidèrent, ce soir-là, d'adhérer, pour le renforcer, au mouvement « Choisir ».

Bref, la figure du pasteur n'est plus unilatéralement masculine, et la parole à Dieu est partagée entre femmes et hommes.

Dans ses propositions très larges, notre invité inclut la féminisation du langage, jamais innocent (mon amie Benoîte Groult est enfin soutenue dans son juste combat !), une autre lecture, critique, de la Bible aux empreintes patriarcales, une éducation à la pluralité et enfin la prise en compte des théologies féministes « qui osent le voyage vers la liberté ».

Je suis bien aise. Enfin un homme d'Église qui veut partager son Dieu avec la femme. De l'altérité-égalité à la parité, il n'y a qu'un pas.

Je me tourne vers Roselyne-la-catholique, mais aussi Roselyne-la-féministe. (Un jour, elle m'avait dit en riant : « Tu vois, j'ai préféré la réunion de l'Observatoire au pape... Il vient à Angers, je n'y serai pas... On travaille ! Vive la cause des femmes ! ») Elle me souffle : « Extra ! »

Henri Hude, le philosophe, et Yolaine de Linarès interrogent notre pasteur. Dans ses réponses, il y a toujours la même lumineuse manière de transcender les Écritures pour les lire dans l'altérité, y dénoncer « cette sorte d'antiféminisme biblique... », l'analogie sexisme-racisme, l'idéalisation-piège de la maternité...

Rien à ajouter ni à retrancher. Nous avons beaucoup appris grâce à lui sur ces racines du mal...

Deux heures plus tard, c'est le tour de Si Dalil Boubaker[3].

Jovial, souriant, le recteur donne de lui et de la religion islamique une impression sécurisante, presque simple. Nous ne l'entraînerons pas, c'est sûr, dans la dramatisation, même en évoquant l'épisode intégriste et les massacres d'innocents qu'il suscite.

« Je suis absolument optimiste sur ces conflits... Je pense que nous sommes passés par un creux extrêmement pénible, dur... Il semble que les choses tendront à une meilleure prise en compte de la femme... et de [sa] participation à tous les rouages de la société. »

Pour le reste, son exposé haut en couleur égrène les qualités physiques et morales de certaines femmes illustres de l'Islam, dont Khadidja, femme du Prophète... qu'elle avait

3. Recteur de la mosquée de Paris.

employé dans son négoce et qu'elle épousa la quarantaine venue !

Nous voici loin du fil de nos recherches. Je l'imagine en Shéhérazade masculin ; nous sommes sous le charme de ses contes orientaux, mais le sujet reste à traiter… Heureusement, il ponctue de temps à autre : « Ça, c'est la doctrine » ou se réfugie, pour sa démonstration égalitaire, dans l'exemple tunisien dont il reconnaît, poussé par nos questions, que ce statut personnel, édicté par Bourguiba en 1956, demeure bien unique dans le monde islamique.

Nous revenons à la réalité. Quelques noms contemporains sont cités : Benazir Bhutto, ou, en Turquie, Tansu Ciller, toutes deux musulmanes, pour la participation politique au plus haut niveau. La domination des femmes dans les régions islamiques est à peine effleurée. Je ne puis m'empêcher d'évoquer le conflit, hélas encore actuel, entre les lois de la République et celles revendiquées par des musulmanes pratiquantes. Entre la laïcité française et la tradition islamique. Vous m'avez comprise : le voile à l'école… « Si une loi interdit le voile, tout le monde devrait en tenir compte… C'est le respect absolu de la loi républicaine et même des traditions [qui s'impose]… »

Il s'en va, après nous avoir assurés que si la polygamie résulte bien des textes coraniques, nul n'y est contraint. Mais quelle est l'incidence de tels préceptes religieux sur les croyants, justement ? Et donc sur les sociétés islamiques ? Si Dalil Boubaker, optimiste convaincu, balaie nos préoccupations par un « c'est en pleine évolution… [il y a] une vision dynamique… de la famille, de la femme… ».

Qu'Allah l'entende ! Je le raccompagne. Cette incursion dans l'Orient millénaire nous a distraits. Mais, je le crains, laissés sur notre soif.

Pour clore la partie « sainte » de nos analyses sur les religions monothéistes, nous entendons le rabbin René Gutman [4], venu spécialement de Strasbourg.

Un homme énergique, jeune, à l'allure moderne, qui enrichira considérablement notre culture religieuse cet après-midi-là. D'abord par l'évocation des versions de la création d'Adam et Ève. Dans la première, Ève, sortie de la côte d'Adam, n'exprime-t-elle pas son identité de nature avec l'homme ? Identité de destin et de dignité donc, plutôt que de hiérarchie ? D'ailleurs, s'agit-il de la côte d'Adam ou de son côté ?

Roselyne ne l'entend point de cette oreille. « Mais, interroge-t-elle, la version “Et Dieu créa l'homme, Il le créa homme et femme” est-elle enseignée chez vous ? » Le grand rabbin estime qu'on ne pratique pas en réalité une « lecture aussi pointue » de ces différentes versions. « Finalement, c'est l'homme et la femme qui surgissent dans l'histoire humaine... », conclut-il assez vaguement sur l'exégèse.

« Et la place des femmes dans le culte ? s'entête Roselyne. La femme n'a pas de place dans la célébration... pas de femme rabbin, pas de femme ministre officiant... » Il signale alors « une dominante moderniste du judaïsme » à Paris : une femme rabbin, Paule Bebe. Je savais cela et j'avais tenté, m'obstinant plusieurs jours, de joindre cette marginale d'avant-garde pour lui demander de venir à notre Commission. Elle en fut empêchée, car sur le point d'accoucher, je crois. Dommage...

Les textes de la Bible ont-ils donné aux femmes un statut de dépendance à l'égard de l'homme, d'infériorisation ? Hypothèse résolument écartée par le représentant de la religion juive. La société religieuse, selon lui, aurait créé un tel réflexe par pur mimétisme de la société ambiante. Il y aurait donc inversion, dans les siècles, des processus.

4. Grand rabbin de Strasbourg, professeur de théologie.

J'entreprends alors de lui poser quelques questions surgies brutalement de l'enfance. Dialogue passionné :

« Monsieur le grand rabbin, je suis moi-même petite-fille de rabbin. Enfant, je vivais souvent chez mes grands-parents. J'observais que mon grand-père, au réveil, demandait à ma grand-mère de lui apporter le broc d'eau pour ses ablutions qu'il devait faire avant de se lever. (Le grand rabbin Gutman opine.) Tous les matins, il prononçait la même prière, et ma grand-mère répondait rituellement et invariablement. Je lui demandais la traduction de ces phrases d'hébreu. La voici, en substance : "Sois loué Éternel notre Dieu. Merci de m'avoir fait homme et pas femme." (A rapprocher du "Toute femme devrait être accablée de honte à la pensée qu'elle est femme", dont je ne sais plus quel clerc, contemporain de Tertullien, est l'auteur.) A quoi son épouse, résignée, répondait : "Sois loué Éternel notre Dieu. Que ta volonté soit faite." »

J'avoue avoir été alors très tôt perturbée par les grâces matinales – et viriles – que mon saint homme d'aïeul rendait au Dieu des Juifs.

Notre interlocuteur reconnaît comme conformes les termes mêmes de la prière.

« Je sais qu'il sera difficile de répondre à cette question, hasarde-t-il.

– Et aujourd'hui, monsieur le grand rabbin, ça n'a pas changé ?

– Non, ça n'a pas changé. Mais les mots ne veulent pas dire ce que vous croyez qu'ils disent… », précise-t-il.

Nous attendons avec intérêt cette autre grille de lecture. Celle qui aurait modifié le fond terriblement misogyne de la louange à Elohim : être homme – Dieu merci – et non femme.

Selon notre théologien, « ces prières peuvent être simplement des expressions de témoignage de l'identité humaine… [l'homme] témoigne du fait qu'effectivement il n'a pas été créé femme mais homme ».

A la vérité, cette explication talmudique ne nous convainc guère. Pourquoi témoigner de son opposition à l'autre et non de sa fusion ou, à tout le moins, de l'égalité entre eux ? N'est-ce pas conforter ce que deux millénaires de pratique religieuse – et sociale, au temps ou l'une primait l'autre ou lui dictait sa loi – ont fabriqué, c'est-à-dire la domination de l'homme sur la femme : « Ton désir se portera vers l'homme et lui, il te dominera... » ?

Pendant la pause, avant d'enchaîner avec l'audition suivante, je me surprends à rêver à ce bout d'enfance tunisienne, à la campagne lumineuse d'El-Ariana, à ces grands-parents que j'aimais tendrement. « Il y avait même de la polygamie dans certaines familles juives. » Cette pensée m'assombrit. « C'était le droit mosaïque tunisien. » Ma voisine, à qui j'ai glissé le propos, semble incrédule.

Je me souviens aussi que ma grand-mère, très pieuse, ne savait même pas prier, l'enseignement religieux n'étant pas dispensé aux femmes, même aux plus croyantes. Tout comme ma mère, jamais initiée à l'hébreu de la Thora, et qui répétait – de mémoire et phonétiquement – les mots que Dieu avait prescrits pour servir l'homme.

Quand mon frère aîné, à onze ou douze ans, fit sa Bar Mitzva (nous disions la « communion », comme les catholiques), ses habits neufs, les cadeaux reçus, le repas de fête, la joie du quartier me firent espérer avec impatience que mon tour viendrait.

« Pas pour les filles », m'annonça ma mère sans ménagement. Bénéficiait-on, au moins, d'un produit de remplacement, d'un lot de consolation ? Une fête, une belle robe, une prière, la synagogue avec les copines dans le défilé ? Ni fête ni sacrement religieux, rien, précisa Fortunée, ma mère. Ce Dieu, avec lequel je commençais à avoir quelques démêlés, avait décidément rayé la gent féminine de ses intérêts – et de ses préoccupations. Je me sentais rejetée, étrangère, boutée hors du « troupeau de Dieu ».

Et, très tôt, j'y puisai une immense curiosité pour en savoir davantage, suivie, beaucoup plus tard, d'une certaine sérénité. Je m'appropriai ma part de liberté par les chemins de l'agnosticisme.

Justement, nous allions donner la parole à une autre « religion », celle qui les nie toutes pour proclamer l'absence de Dieu : la franc-maçonnerie.

Mme Marie-France Coquard[5], précise au rendez-vous, au ton et à l'allure neutres, choisit délibérément le discours du prosélytisme. Pas de mal à cela, c'est souvent la loi du genre.

Au bout d'une bonne demi-heure, nous savons tout sur la Grande Loge féminine : les chiffres, les méthodes, les performances. Mais au moment des questions/réponses, la déception s'installe. Aucune proposition (« nous allons au-delà »), aucune précision sur le nombre de femmes maçonnes parlementaires (« nous sommes 10 000 femmes membres de la Loge... »), rien contre la sous-représentation des femmes, seulement l'éternel changement de mentalités ou l'amélioration du système éducatif.

Nous nous entêtons, à tour de rôle, pour essayer d'enrayer ce festival de langue de bois. Rien n'y fait. On repart dans « le respect des droits, de la dignité des femmes », « la perspective d'humanisme, de dimension universelle extrêmement large » dans le travail « pour la perfectibilité humaine », etc. L'entretien nous a tout appris sur la franc-maçonnerie – ou presque – mais rien sur ses analyses et ses actions pour la parité.

Fin de la séquence « les racines (religieuses et contraires) du mal ».

5. Ancienne grande maîtresse de la Grande Loge féminine

Les enseignements des pères de l'Église sont-ils caducs ? Force est de constater que lorsque Tertullien met hors la loi le sexe de la femme, en faisant de lui le « sexe du diable » et enjoint à la femme « vis donc, il le faut, en accusée », que saint Paul ordonne aux femmes de se taire dans les assemblées (épître aux Corinthiens), on les entend, on les écoute, on applique leurs préceptes. Je parle d'aujourd'hui, de notre XXIe siècle. Ces commandements ne gardent-ils pas en effet toute leur force, par exemple face au viol, où la victime, dans l'esprit des juges et des hommes, continue « quelque part » de l'avoir cherché et où sa parole de vérité est écrasée par le système qui, justement, la traite souvent – « il le faut » – en accusée ?

La pensée laïque doit beaucoup – pour paradoxal que cela paraisse – à la misogynie judaïque et à la morale répressive des pères de l'Église. Morale où la soumission nécessaire de la femme à l'homme et son infériorité sociale sont consacrées par l'ébauche du Droit canon, dès les IVe et Ve siècles.

Morale dont le raisonnement bannit la raison. Sur tous les registres, les penseurs et philosophes expliqueront – comme on accorde des circonstances atténuantes à l'« accusée » – que la nature l'a voulu ainsi. Nature féminine différente, certes, de celle de l'homme, mais surtout entraînant inéluctablement une cascade d'inaptitudes aux droits, aux fonctions, aux responsabilités. Bref, coïncidant par son « essence » même avec un statut d'exclusion sociale.

La « nature » en cause tient dans la différence biologique. Vous l'avez compris. Il s'agit de l'utérus, redoutable agent de toutes les métamorphoses. Comment ne pas mentionner les travaux du clan des médecins philosophes, qui renvoyait l'analyse du comportement féminin tout entier à son sexe ? Ainsi Roussel (1775) expliquait-il que l'utérus se diffuse, en quelque sorte, dans tout l'être de la femme. Il déborde, grâce à la sensibilité féminine, sur le cerveau. Qu'en conclure, sinon qu'une société court les plus graves dangers si elle admet ses femmes au droit, à l'éducation et à la politique ? C'est ce que, au lendemain de la Révolution, affirmait un communiste égalitaire, disciple de Babeuf et athée, Sylvain Maréchal, dans son *Il ne faut pas que les femmes sachent lire* ou *Projet d'une loi portant défense de lire aux femmes*[6].

A rapprocher du diagnostic de Michelet, historien de la Révolution française, qui, avec un savoir-faire redoutable, enferme près d'un siècle plus tard la reproductrice dans ses fonctions : « La lecture trop variée et non discrètement ménagée a sur elles [les femmes] des effets déplorables. Elles ne sont nullement préparées, ni par leur constitution, ni par leur éducation, à recevoir toutes sortes de nourritures indigestes. La nature, qui les réserve à une chose bien plus haute et plus délicate, ne leur a pas donné cette force brutale. » Pour lui, « la femme est une matrice ».

Le siècle des Lumières – qui, contradiction apparente, promut certaines femmes dans les salons littéraires – fit éclore un discours caricatural, transformant la querelle du féminin en procès du féminisme. Les « Illustres » Diderot, Voltaire, Rousseau, penseurs fondamentaux de ce siècle, ne cesseront d'étonner. Philosophes novateurs, visionnaires, ils rivalisent entre eux, quand il s'agit de la place des femmes, d'ignorance, de mépris. Souvent même, disons-le, de vulgarité.

Diderot, qui dirige l'*Encyclopédie*, n'hésite pas à écrire à la fois que « la femme porte au-dedans d'elle-même un organe susceptible de spasmes terribles, disposant d'elle… » et à formuler quelques propositions pour l'éducation des femmes. Dans cette même *Encyclopédie*, que l'on imaginait agitée d'un souffle révolutionnaire, il laisse écrire que « les hommes sont plus capables de bien gouverner » et donc que « leurs voix doivent l'emporter ».

6. Cf. G. Fraisse, *La Raison des femmes*, Paris, Plon, 1992.

C'est dans l'ambiguïté que se complaît Voltaire. Il critique ces affirmations mais, comme Molière, dénonce les femmes savantes « qui abandonnent leur état pour cultiver les sciences ». Et, ajoute-t-il avec quelque mépris, « sans pourtant parvenir au génie ! ».

Avec Rousseau, pour qui « la dignité d'une femme est de rester inconnue », la ligne est claire. Éclatante. La misogynie en *vade-mecum*. Ce penseur fondamental, ***en même temps*** qu'il écrit *Le Contrat social*, lecture obligée pour tout étudiant de philo ou de sciences politiques, nous inflige *L'Émile*, où la nature, pour l'auteur, a imposé l'infériorité de la femme. « Faite pour plaire et être subjuguée », Sophie doit être éduquée en conséquence, donc formée à la soumission. « En devenant votre époux, Émile est devenu votre chef. C'est à vous d'obéir, ainsi l'a voulu la nature... »

Avec *L'Émile* règne l'ordre moral. Un ordre sexué. Pas de promiscuité entre filles et garçons. Au partage des rôles de la Genèse succède donc celui des philosophes. Le relais – laïc – est bien pris. La femme gardienne du foyer, l'homme gardien de la chose publique. Les hommes décident et font les lois. Les femmes font les mœurs. A elles le domaine « intérieur » : les enfants, le social, l'éducation, les vertus, la culture domestique. Cette ségrégation des compétences, cette distribution étanche des rôles, ce destin assigné, bref, cette société coupée en deux selon le sexe biologique, c'est « le genre » (de l'anglais *gender*). Nous ne sommes faites, dit Isabel Larguia, une sociologue cubaine, que pour agir dans ce territoire qui nous est imparti, au point que le travail domestique des femmes, aussi omniprésent qu'« invisible », semble aux hommes de tous les temps « la caractéristique sexuelle secondaire des femmes » [7].

Or, qui dit ségrégation, dit *apartheid*, injustice, et dit aussi peur de l'autre. La peur de l'homme de trouver projetée en sa

7. Cf. Isabel Larguia, *Towards Another Economy*, Cuba.

chasse gardée – le domaine public – la femme. L'autre. Dans un pouvoir disputé, la femme devient rivale. Est détruite alors la belle image de la femme complémentaire. Donc proche. Mais se mouvant sur d'autres terres que celles de l'homme. Donc lointaine. Que devient alors le couple s'il s'installe dans la compétition ?

Question (de mon adolescence) : comment, pourquoi, les femmes ont-elles, des millénaires durant, accepté dans leur immense majorité leur exclusion du monde public ? Réponse (de l'âge adulte) : l'esclave fut mise sur un trône (Balzac : « La femme est une esclave qu'il faut savoir mettre sur un trône »), sur plusieurs trônes, divers selon les pays, les époques, les cultures.

Le domaine privé est encore de nos jours comparé à un « royaume », où, seule et incontestée, la femme peut exercer ses talents, auxquels l'autre sexe l'entraînera volontiers. L'environnement patriarcal (littérature, publicité, recherches pseudo-scientifiques) a-t-il assez chanté l'instinct maternel, les dons de la fée du logis, sa douceur, son génie créateur (organisation du dîner, gestion du budget familial), son irremplaçable charisme, pour que le foyer demeure ce havre nécessaire à tous, à l'homme las de ses journées importantes et publiques, aux enfants toujours avides d'une présence affective ?

La femme n'entrevoit guère le danger : son trône est un ghetto, son royaume une assignation à résidence. Parallèlement, l'homme prend possession du domaine public. Des femmes aussi ignorantes que la Sophie de Rousseau, aussi vertueuses que les « ménagères » de Proudhon (qui était antisémite et misogyne, on voit que tout se tient [8]), qui ont refusé d'être « courtisanes », aussi séductrices que ces belles « aux

8. « Le Juif est l'ennemi du genre humain. Il faut renvoyer cette race en Asie ou l'exterminer. La haine du Juif comme de l'Anglais doit être un article de notre foi politique » (cité par Jean-Denis Bredin, in *L'Affaire*, Paris, Julliard, 1983).

épaules de champagne » d'André Breton et des surréalistes, aussi viscéralement mères que la louve romaine, comment ne se sentiraient-elles pas investies d'une identité irremplaçable, presque magique ? Tout esclavage a besoin, pour se perpétuer à travers les siècles, d'une part de consentement de l'esclave. Convaincu par l'auréole de ses vertus que lui réfléchit le maître, résigné à l'irréversibilité naturelle de sa dépendance, pourquoi l'esclave se révolterait-il ? Toute la dialectique hégélienne du maître et de l'esclave est dans la reconnaissance mutuelle de l'existence de l'autre, de son rôle, de ses qualités… Chacun à sa place, s'entend.

De la dualité naturelle impliquant celle, irréconciliable, des « valeurs » des deux sexes naquit l'idéal fondateur de la démocratie républicaine. Certaines caractéristiques induisaient l'aptitude à la Raison et au gouvernement de la chose publique. Et elles étaient, bien sûr, attribuées « naturellement » aux hommes citoyens.

6

Un universalisme trompeur

Il est communément admis que la Déclaration des Droits de l'Homme et du Citoyen (26 août 1789) et les textes fondateurs de la République – dont, au premier chef, nos Constitutions, qui d'ailleurs en 1791, 1946 et 1958 feront référence à la Déclaration – ont créé la théorie universaliste de droit public.

Article 1er de la Déclaration : « Les hommes naissent et demeurent libres et égaux en droits… »

Article 6 : « Tous les citoyens… sont également admissibles à toutes dignités, places et emplois publics… »

Toutes les Constitutions de la République établiront avec force les principes d'égalité entre les citoyens et d'unité et indivisibilité du peuple français.

L'universalisme se construit, s'échafaude sur un pilier : l'égalité. L'erreur serait d'en faire une notion commune, à tout venant. Il n'y a plus de castes, d'élites, de classes sociales et politiques comme dans l'Ancien Régime. Les citoyens les remplacent et les remplissent, à espace égal.

Car, une telle égalité, pour être universaliste, doit être poussée à son paroxysme. Elle emporte ***interchangeabilité*** de tous les individus ***également égaux*** dans la nation.

Le citoyen né de l'universalisme est, dans notre Constitution actuelle, un individu dont la couleur de peau, la religion, l'ethnie, la condition sociale et, nous affirme-t-on, le sexe – mais nous y reviendrons – sont gommés. L'individu est indifférencié, volontairement abstrait. C'est une maquette humaine construite comme support des droits et des devoirs de la République. Maquette ni blanche ni noire, ni riche ni pauvre, ni homme ni femme.

Saluons d'abord l'énorme progrès d'une telle démarche pour la France et le monde. Une volonté marquée par l'intelligence des Lumières et la générosité de la République de faire table rase de tous les privilèges qui, dès la naissance, fabriquaient une société d'inégalité et d'oppression. Plus de serf ni de noble, plus de bourgeois ni de tiers état : un peuple souverain, indivisible, uni et dont toutes les composantes citoyennes concourent, dans une égalité absolue, à décider de son avenir.

Voilà pour la théorie.

Les individus, libérés de la monarchie absolue, conquièrent une identité politique en devenant des citoyens. Il est donc clair que les droits de l'Homme, dans la mesure – mais dans cette mesure seulement – où ils sont universels, c'est-à-dire droits de toute l'humanité, ne sauraient être mis en accusation.

Mais alors, me direz-vous, que trouver à redire à cette lumineuse philosophie qui inspira les fondements de nos Constitutions ? A ces textes, créateurs d'un admirable humanisme volontariste ? A cette victoire, en somme, sur l'obscurantisme médiéval et l'*apartheid* sous toutes ses formes ?

La femme. Cherchez la femme. La citoyenne, c'est le citoyen ? Mêmes droits, même dignité, même pouvoir ? Las… Jusqu'en 1944, l'universalisme républicain a exclu les femmes de la citoyenneté. Comme les déments, les mineurs, les pauvres (ces derniers, à condition d'être de sexe masculin, bénéficieront toutefois du suffrage « dit universel » instauré en 1848). L'ennui, c'est le côté irréversible, définitif de l'exclusion de la femme. Elle naît femme et le demeure. Le dément peut retrouver la raison, le mineur vieillira et atteindra sa majorité, le pauvre peut espérer s'enrichir...

C'est bien parce que l'universalisme de la Révolution française, par l'abstraction généralisante, a réduit le sujet universel des droits en sujet masculin qu'il y a tromperie sur la réalisation de ces droits.

« Ce modèle est en réalité un faux universalisme », affirme, à l'Observatoire de la parité, la sociologue Christine Delphy, qui dirige la revue *Nouvelles Questions féministes*, car « il a érigé le genre dominant en modèle – facile puisqu'il était le seul – ; dans un deuxième temps, sommé par le genre dominé de lui faire une place, il lui dit : "Entrez et faites comme chez moi" ; il demande au dominé de se conformer à son modèle, d'être comme lui. C'est évidemment impossible, car les hommes ne sont des hommes que dans la mesure où ils exploitent des femmes ; donc les femmes ne peuvent pas le faire : 1) parce qu'elles n'ont personne à exploiter ; 2) parce qu'il faudrait qu'elles cessent d'être exploitées elles-mêmes pour pouvoir être à égalité avec les hommes ; 3) parce que si les hommes n'avaient plus de femmes à exploiter, ils ne seraient plus des hommes ou plus les mêmes. Donc, par définition, les femmes ne peuvent pas être les égales des hommes aujourd'hui, car "tels qu'ils sont aujourd'hui" présuppose la subordination des femmes ; c'est pourquoi la peur de certaines féministes différentialistes que l'égalité signifie l'alignement des femmes sur le modèle masculin est infondée ».

La contradiction entre principe et mise en œuvre tient principalement à la négation de la différence des sexes.

Certains historiens, plutôt progressistes, gênés par l'irrationalité et l'injustice de l'exclusion, soutiennent que droits de l'Homme = droits de l'homme ***et*** de la femme. Que le citoyen, mentionné dans tous ces textes sacrés, c'est aussi la citoyenne, mais que les circonstances et l'état de la société n'ont pas permis aux femmes de s'affirmer les égales des hommes. Balivernes. Relisez les textes. Le citoyen est clairement de sexe masculin.

Deux exemples rapides :

L'Acte constitutionnel de 1793 sous le titre « De l'état des citoyens », article 4 : « Est citoyen… tout ***homme*** né et domicilié en France, âgé, etc., ou acquiert une propriété… ou ***épouse une Française*** » ! Imagine-t-on que le « tout homme » puisse signifier « toute femme » ou que cette faculté (« épouser une Française ») soit ouverte à une femme ? Saluons, en passant, l'irrationalité féroce de cette disposition. La Française peut, par le mariage, transmettre à quelqu'un – un homme, forcément – un droit – le droit à la citoyenneté –, droit dont elle-même est exclue. On a envie de saluer : chapeau l'artiste en misogynie !

Autre exemple : La Constitution du 22 août 1795, sous le titre « Devoirs », article 4 : « Nul n'est bon citoyen, s'il n'est bon ***fils***, bon ***père***, bon ***frère***, bon ***ami***, bon ***époux…*** », enfonce le clou. En dehors de la naïveté surprenante d'un tel propos, une femme pourrait-elle répondre à de telles exigences ? Fils, père, etc. L'exclusion est bien explicite.

La Déclaration des Droits de l'Homme, formidable élan philosophique et politique vers la fraternité des hommes, unique dans l'Histoire des peuples du XIXe siècle (avec celle des États-Unis), bouta hors de l'universalisme citoyen la citoyenne. Cette Révolution – la nôtre – se proclamait universaliste, alors qu'elle s'affirmait, en réalité, sexuée. Sexuée au masculin. Résultat : à l'exclusion des femmes ***en droit***, pendant près de deux siècles, succéda à l'époque moderne leur exclusion ***en fait***. L'ironie veut encore que la Révolution ait promu les femmes au titre de « citoyennes », en même temps que leur étaient refusés tous les droits de la citoyenneté publique : voter, être élues, prendre la parole dans des réunions politiques, etc.

Que cela soit clair : de 1789 à 1946, par commission ou omission, toutes nos Constitutions républicaines refuseront aux femmes les droits civiques.

Les femmes seront aussi privées de leurs droits civils pendant longtemps. Voyez le Code Napoléon de 1804, où la femme est une éternelle mineure, qui, « comme l'arbre à fruits, appartient au jardinier », selon la plaisante affirmation du préambule ; et « doit obéissance à son mari » (article 213). Nous sommes dans les commandements des religions, relayées par nos Illustres. Générosité, fraternité, universalisme, révolution ne riment pas avec égalité de droits des femmes.

Déjà, en 1795, les clubs féminins ont été fermés par décision de la Convention. Les femmes sont interdites de parole, de manifestation dans les rues, renvoyées dans leur foyer. Elles ne peuvent plus assister aux assemblées politiques (et sont obligées de se déguiser en hommes pour y entrer), ni même porter la cocarde masculine, qui doit rester « une institution respectable ».

Une misogynie radicale – confinant au racisme – déferle sur la Révolution. Les héros – Marat, Babeuf, Robespierre – expulsent les femmes de l'Histoire en marche. Les vieux démons, nés des tabous religieux et sexuels, travestissent, dans les têtes de ces leaders patriotes, les femmes qui luttent en monstres menaçants. Des invectives, nées d'un passé que l'on croyait révolu avec la Révolution, sont, dans le langage politique, monnaie courante. Les « tricoteuses » de la Révolution deviendront presque un siècle plus tard les « pétroleuses » de la Commune, pour laisser place, au début du XXe siècle, aux « suffragettes ».

Olympe de Gouges, auteure de la Déclaration des Droits de la Femme, morte sur l'échafaud : une « tricoteuse ». Louise Michel, à l'avant-garde des luttes libertaires de la Commune et déportée au bagne : une « pétroleuse ». Mary Wollstonecraft, ou Emily Davison qui, avec d'autres en Angleterre, alla jusqu'à se faire piétiner par les chevaux de la Garde pour réclamer le droit de vote pour les femmes : des « suffragettes » (comme on dirait une « majorette » ou, aujourd'hui, une « juppette »).

La Révolution française coïncide avec la plus grande défaite politique des femmes. L'Homme n'est pas le représentant du genre humain, l'individu abstrait porteur des droits égaux. L'Homme, ce n'est que l'homme, le mâle. *Exit* la citoyenne dans un pays où la citoyenneté confère à l'individu – l'homme, s'entend – liberté et responsabilité.

Il faut mentionner, dans ce concert d'un antiféminisme pathologique, la voix heureusement discordante et entêtée de Condorcet, marquis révolutionnaire, philosophe et savant. Dans divers écrits – dont le plus connu est son article publié en 1789 « Sur l'admission des femmes au droit de cité » –, il revendique pour les femmes les droits civils et politiques. La raison est universelle ou n'est pas. Il conteste la suprématie de l'homme, militant ou mari. Au nom de la Raison, également partagée entre les sexes, mais aussi au nom de la stricte application de l'universalisme : l'Homme de la Déclaration, c'est l'homme ***et*** la femme. Pour lui, l'assemblée légiférante avait « violé le principe de l'égalité des droits en privant tranquillement la moitié du genre humain de celui de concourir à la formation des lois, en excluant les femmes de la cité ». Il plaide cette cause avec talent, mais n'est guère entendu par ses pairs députés. Finalement poursuivi par Robespierre (au nom de ses principes, il avait refusé de voter la mort du roi Louis XVI), traqué par le décret d'arrestation qui le frappe en juillet 1794, condamné à mort par contumace (il avait osé réaffirmer le droit sacré de chacun à la propriété), il meurt mystérieusement dans sa cellule. Suicide, accident, maladie ? Nul n'en sut jamais rien.

Les failles de l'universalisme se doublèrent de syllogismes

dont la cohérence apparente conduisit au mépris et à la répression. Ainsi, si chaque homme est identique, superposable à l'autre dans le monde, le système aboutit à la négation du multiculturel, à la chasse à la différence.

N'est-ce pas au nom de l'*homo universalis* que furent décidées les expéditions coloniales du XIXe siècle, afin d'apporter à ces peuples (peuplades ?) différents les idéaux humanistes de la Révolution ? N'est-ce pas en somme pour que ces « autres » lointains – ces sauvages, bons ou mauvais, ces paresseux, ces enfants – bénéficient du progrès des Lumières et de la civilisation (universelle, elle ne pouvait être que blanche et occidentale) que les revendications identitaires des colonisés furent écrasées dans le sang et le mépris ? Sans compter – autre faille monumentale du système – qu'il n'empêcha pas les Constituants de 1789 de maintenir l'esclavage (qui ne fut définitivement aboli que par la Constitution de 1848) !

C'est, en grande partie, l'universalisme – celui que le philosophe Étienne Balibar appelle « extensif » – qui construisit les empires et justifia les grandes hégémonies.

Ces « législateurs du genre humain », comme les avait qualifiés Michelet avec quelque exagération, avaient finalement créé un citoyen étrangement limité, « situé »... « Derrière l'homme abstrait de la Déclaration, il y a l'homme bourgeois de 1789 » : Sartre avait bien raison. Et l'Histoire de France aussi, qui nous enseigne que les grands changements politiques, les révolutions et les progrès furent aux XVIIIe et XIXe siècles l'œuvre d'un tiers état masculin (la bourgeoisie) opprimé par la noblesse et le clergé.

Résumons-nous : le citoyen universel est homme (et non femme), blanc (et non de couleur), bourgeois (et non ouvrier ou colonisé).

De cet universalisme incertain naquit l'exclusion durable des femmes. Son abstraction justifia une inégalité concrète. Les conséquences, nous les connaissons. J'ai donné quelques chiffres, implacables, de participation/exclusion des femmes. Et il fallut attendre la fin de la Deuxième Guerre mondiale pour que les femmes obtinssent, en 1944, le droit de vote.

La cause semble entendue, même par les défenseurs incontestés du système. Ainsi, le constitutionnaliste Olivier Duhamel[1], auditionné par l'Observatoire de la parité, concédait : « Certes, pendant un siècle et demi, cet article [article 1er : "Les hommes naissent libres et égaux en droits"] resta lettre morte ou, plus exactement, les Hommes n'étaient que des hommes et pas l'ensemble des êtres humains, les femmes restèrent exclues de la citoyenneté. » Que les docteurs en universalisme s'entêtent, soit ! Mais que presque, unanimement, ils constatent, regrettent et déplorent l'exclusion des femmes tout en se refusant à l'examen objectif de l'universalisme, voilà qui relève d'étranges raisons. Craignent-ils qu'il n'établisse le lien entre la théorie et ses conséquences pratiques pendant près de deux siècles ?

Je m'interroge d'ailleurs sur la rage universaliste de certaines femmes, ferraillant contre les féministes qui se battent pour une réelle égalité politique (parité). J'ai lu, ici et là, l'accusation selon laquelle nous mettions en danger les principes républicains et démocratiques, en les dénonçant. Accusation grotesque autant que grossière. L'analyse critique de théories qui, pour généreuses qu'elles fussent dans le verbe, entraînèrent l'exclusion des femmes de la vie publique est un devoir. Un devoir républicain. Et ce n'est pas le premier que nous accomplirions, non seulement en barbouillant nos grimoires d'intellectuels, mais aussi en nous battant sur le terrain, les armes à la main, contre toute atteinte à la

1. Professeur de droit public, politologue.

République. Et ses valeurs. Car c'est bien de cela qu'il s'agit.

Que vaut un pouvoir républicain interdit aux républicaines ? Et quelle peur mystérieuse habite donc ces antiparitaristes ? En quoi un Parlement paritaire menacerait-il la République ? Je sais, la modification de la Constitution, pour y inscrire l'obligation de parité, relève pour certains du crime de lèse-universalisme... Mais nous y reviendrons.

En attendant, la théorie universaliste laisse les femmes, en quête d'égalité, complètement désemparées. La revendiquent-elles, cette égalité, en même temps qu'elles se proclament femme, et non cet être asexué appelé « Homme » ? Insistent-elles sur les méfaits du « genre », cette division des rôles et des places dans la société en fonction du sexe ? Tentent-elles d'établir qu'en politique, plus que dans tout autre domaine, l'homme de la Déclaration de l'Homme, c'est bien lui, l'homme, de sexe masculin, et non ce prototype neutre auquel on voudrait l'assimiler ? Que le citoyen est bâti de masculin, sans la moindre composante féminine ?

L'universalisme les renverra... à l'universalisme. ***Là est le déni.*** Une humanité tout entière réduite, identifiée au masculin. Un refus de prendre en compte la différence sexuée, pourtant première et imprescriptible.

Feront-elles valoir – chiffres et vécu à l'appui – les discriminations qui les frappent parce qu'elles sont femmes, et pour cela seulement ? On refusera de les entendre. L'assimilation abstraite et totale d'un sexe à l'autre, le féminin au masculin, les en empêche. L'inégalité spécifique qui frappe la citoyenne ne sera pas reconnue. ***Là est la dénégation.***

Le refus de prendre en compte l'existence – pourtant réelle, concrète, prouvée : voyez le constat – de l'injustice [2].

2. Les termes « déni » et « dénégation » empruntés à la psychanalyse ont été employés par E. G. Sliedewski, auteur d'un rapport magistral, *Sur les*

Déboussolée, laminée dans sa différence, enfermée par le carcan de l'impalpable théorie universaliste, la femme perd pied. L'enfermement des femmes – qui est réel – se nourrit de l'enfermement dans les principes qu'on lui oppose – qui sont abstraits.

L'universalisme agit ici comme un bâillon. La sous-citoyenne accusée – toujours accusée ! – d'anti-républicanisme pour avoir revendiqué le droit – justement – de mieux la servir, cette République, se recroqueville sur elle-même. Trop difficile, trop compliqué, les hommes ne lâcheront pas... Alors, c'est elle qui lâche. Avec beaucoup d'autres, hélas !

Pour lui redonner quelques brins d'énergie et une voix pour parler, il lui faut opposer à cet universalisme trompeur un autre universalisme, tout aussi républicain, mais, lui, véritablement universel. Celui où les femmes, refusant le gommage de leur identité de femmes, construisent avec les hommes notre humanité. Celui qui reconnaîtra sa mixité.

---

idéaux démocratiques et les droits des femmes, dans un séminaire du Conseil de l'Europe (1989) sur « La démocratie paritaire. Quarante années d'activité du Conseil de l'Europe ».

7

Les mésaventures d'un quota (pourtant) unanime

J'ai dit le mauvais vertige qui me saisit quand, élue députée à l'Assemblée nationale en juin 1981, je fus confrontée pour la première fois à la déferlante masculine répandue dans l'hémicycle.

Au printemps 1982, les socialistes n'avaient encore pris aucune initiative en faveur des citoyennes. Dans leur groupe, les élues n'étaient que 19, soit 6,6 %. Malgré sa représentation record et la majorité absolue dont elle jouissait, la gauche n'envisageait guère d'opter pour une plus juste mixité. Je rongeais mon frein, me disant qu'il fallait faire quelque chose – mais quoi ? –, et m'essayais à quelques tentatives auprès du groupe, qui tournèrent court.

Il est juste de rappeler que des lois prioritaires nous mobilisèrent dès septembre 1981. Et, prioritaire entre toutes, celle de l'abolition de la peine de mort. Une promesse du candidat François Mitterrand, mais surtout l'exigence de mettre fin à une « exception » barbare. Et de donner enfin à notre pays sa juste place dans son siècle.

Quand l'occasion d'agir se présenta-t-elle ? Au moment où il fallut réformer la loi électorale pour les municipales, m'a-t-il semblé. Je décidai de lancer l'offensive. Tout en douceur, s'entend. Je passais de longues heures dans l'extraordinaire bibliothèque de l'Assemblée. Savoir rassemblée dans ce lieu la mémoire de la Révolution française, celle de ses paroxysmes et celle des lois m'intimidait. Je retrouvais les fascinations que l'élève boursière du lycée Jules-Ferry, à Tunis, avait vécues pour une France qu'elle ne connaissait que par les livres, sa culture, son Histoire.

Je me mis au travail. Je fouinais dans les débats passés, prenais des notes à la lecture de l'*Officiel* de l'Assemblée et du Sénat, me recyclais en droit public. Je mûris ainsi ma conspiration et mon texte.

Premier acte : évoquer dans l'une des réunions hebdomadaires du groupe socialiste la nécessité d'une plus juste représentation des femmes. Pour cela, légiférer. Débat houleux, décevant. Certaines « camarades » s'opposèrent à toute mesure législative dans le style détestable « puisque nous y sommes arrivées, les autres femmes n'ont qu'à en faire autant… » ou « c'est humiliant d'avoir à nous imposer ainsi », etc. Refrain connu et encore actuel. D'autres, plus rares, me soutinrent dans le principe, mais sans grand enthousiasme. Je reçus le renfort inattendu de quelques hommes, qui rappelèrent que le Parti socialiste avait instauré des quotas à tous les niveaux du parti et ne les avait guère respectés. De justesse, le principe d'une proposition de loi faisant obligation à toutes les listes d'inclure un pourcentage de femmes fut retenu.

Deuxième acte : un lobbying intensif, tous azimuts, tous groupes politiques, pour convaincre. Un dossier que je connaissais bien et où je voulais, en avocate, l'emporter. Je m'étais fixé d'obtenir – pour la force et le symbole – une approbation unanime. Un véritable consensus des partis représentés, à l'Assemblée comme au Sénat, donnerait à la loi son sens et son autorité. Portée sur ses fonts baptismaux par toute la représentation démocratique, elle exprimerait l'exigence d'un parlementarisme à deux voix, celles des femmes et des hommes.

Je me lançai dans une campagne de déjeuners, dans un envoi de notes à tonalité juridique aux députés, dans une véritable chasse à l'élu. Ses pas le conduisaient-ils par malchance (pour lui) sur mon chemin ? Je l'attrapais par la manche : « Avez-vous reçu ma proposition ? Qu'en pensez-vous ? Il faut bien faire quelque chose. Regardez l'hémicycle, c'est choquant... Où est la démocratie pour les femmes ? », etc.

A la longue, me rencontrer avait fini par devenir fâcheux. On m'évitait dès que l'on m'apercevait à un angle de couloir, on me faisait hâtivement un salut de la main, « on m'attend, chère amie ; oui, j'ai reçu vos papiers... », en accélérant le pas. On m'avait surnommée « Halimi-quota », comme pour rendre compte d'une manie dévastatrice.

Ceux auxquels j'arrivais encore à barrer la route quelques minutes réagissaient presque tous de la même manière. Gauche ou droite. C'était monotone. (Je pensais à Bebel : « Il y a des socialistes qui ne sont pas moins opposés à l'émancipation des femmes que le capitalisme au socialisme[1]. ») Je ruminais mon postulat choc : « Rien ne ressemble autant à un misogyne de droite qu'un misogyne de gauche. » Tous deux, en effet, protestaient de leur « intérêt » pour les femmes, « on les aime, on en voudrait davantage près de nous... ». Les vieux conservateurs de droite versaient dans un mauvais Sacha Guitry ; les jeunes communistes rappelaient qu'ils avaient fait élire beaucoup de femmes sur leurs listes, alors c'était aux autres de bouger maintenant. Mais tous se réfugiaient, avec cette confiance aveugle qui frôle la mauvaise foi, dans l'« évolution des mentalités » : « Vous verrez, tout cela est en train de changer. » En attendant, ajoutait-on, « qu'est-ce qui vous empêche de vous faire élire, vous, les femmes ? ».

1. *La Femme et le Socialisme*, 1905.

J'ai relevé dans mes notes quelques particularités dans le refus : le légaliste qui faisait de la Constitution son alibi : « La Constitution ne le permet pas », ou le distrait, absent du débat et étranger à l'urgence du propos, qui se contentait, le regard ailleurs, d'un « faut voir... faut voir... y a pas le feu ! ».

Je maintenais la pression et clarifiais mon projet. D'une part, une loi pour permettre une meilleure représentation des femmes ; d'autre part, faire que cette loi exprime un consensus général. La première de la législature votée dans ces conditions.

Restait, le principe étant acquis, à en fixer la barre. Jusqu'à combien la participation des femmes ? Poser la question, c'était en mesurer l'arbitraire. Les femmes devaient être 50 % des élus. Logiquement, pas moins. La mesure serait raisonnée, elle ne serait pas raisonnable.

Il était clair que je courrais à l'échec avec une telle prétention. Je hasardai 40 %, puis 35 %, puis 30 % devant la belle unanimité du refus, à droite comme à gauche. Trop important, trop brutal, trop menaçant surtout ! Le groupe socialiste finit par accepter un quota de 30 %, pas un iota de plus.

Encore fallut-il que je m'armasse du compte rendu de débats qui eurent lieu, sur un projet du gouvernement au Sénat, en 1980. Les socialistes, alors dans l'opposition, avaient fixé leur proposition de mixité à 30 %, justement. Lenteurs, arguties, mauvaise conscience. Humeur maussade après mon intervention, qui allait créer – c'était sûr – de nouvelles difficultés pour la gauche.

Était-ce le moment, je vous le demande, de parler femmes (comme on aurait dit : parler chiffons), alors que Pierre Mauroy, Premier ministre, avait décidé fin mai, après la flambée des prix, de « changer de vitesse », que le franc avait été dévalué en juin, que la loi sur le blocage des salaires et des prix venait, dans le désenchantement et la polémique, d'être définitivement adoptée ? J'étais complètement dépourvue de sens politique, c'était évident ! Dans ce climat (mais, l'avez-vous remarqué, il y a toujours un « climat » qui fait que ce n'est jamais le moment pour les femmes d'avoir le droit de voter, d'avorter, d'être remboursées par la Sécurité sociale, de prétendre à l'égalité des salaires, et des chances, d'être élues...), était-ce vraiment opportun cette « proposition pour les nanas » ? me demanda sévèrement un camarade. « Je te croyais plus maligne que ça ! » Pour lui et, hélas, pour beaucoup d'autres, la participation des femmes à la démocratie relevait plus de la mesurette de circonstance que d'un véritable outil démocratique.

Forte de l'acceptation du groupe socialiste, je m'en fus répandre la bonne nouvelle auprès des autres. Les communistes objectèrent, avec une certaine logique, que présentant déjà près de 30 % de femmes sur leurs listes, ils voyaient mal l'intérêt qu'ils auraient à mener cette bataille. « Dans tout ça, me disaient-ils en substance, où est la Révolution ? » Il n'y en avait pas. Sauf que, pour la première fois, une loi électorale, votée par un Parlement unanime, initierait, d'une manière volontariste – et, je l'espérais, croissante –, la mixité de la représentation parlementaire.

Le RPR, tendance dure, renâclait. Le mot « féminisme », quand je le prononçais avec entêtement du haut de la tribune, révulsait certains de ses « barons ». Quolibets, interruptions, interpellations de mauvais goût, quand elles n'étaient pas franchement vulgaires, fusaient de leurs bancs. Leurs auteurs y voyaient encore des soutiens-gorge brûlés, des hommes émasculés par des hystériques, façon Women's Lib, prenant le pouvoir, le tout dans la fureur et le désordre.

L'UDF, dans sa majorité, tendit une oreille plus compréhensive.

Ces groupes avaient en commun la préoccupation d'éviter le piège du refus pur et simple. En vertu de la règle première : séduire son électorat. Combattre de front le projet revenait à dire « non » aux électrices (plus de 52 %). Donc, prendre le risque de se couper de cet important contingent.

Déjà, bien que le mouvement eût moins d'ampleur que de nos jours, les femmes – de droite et de gauche – supportaient mal de se voir écartées des décisions de cette République qui était aussi la leur, au moins à moitié. Même si la protestation n'avait pas encore trouvé une expression publique, leur exclusion demeurait, pour elles toutes, une triste réalité. Et, sans trop savoir comment et quand, elles voulaient déjà, en majorité, devenir de vraies citoyennes.

Mais, se disaient les maîtres du jeu, soutenir une réforme aussi révolutionnaire – finalement – que celle-ci conduisait à l'aventure, au changement radical des mœurs politiques. Impliquait une dynamique incontrôlable. Ouvrait la boîte de Pandore. Faisait entrer la louve dans la bergerie, etc.

Le 26 juillet 1982, je pris la parole à l'Assemblée pour présenter mon amendement. Je rappelai les chiffres dérisoires de la participation des femmes, insistai sur la stagnation des mentalités, dont l'« évolution naturelle » ne laissait guère d'espoir, et tentai de démontrer la nécessité de les infléchir par la loi. « Les lois changent les mœurs qui, à leur tour, changent les lois. » Dialectique connue.

Débats mémorables. Des morceaux d'anthologie misogyne, ou tout simplement de grand bêtisier :

« Vous êtes antidémocratique… Chacun a le droit de voter comme il le veut. » « Vous instaurez une nouvelle forme de dictature ! » « L'égalité entre les sexes ne répond pas à la question : que faites-vous des homosexuels ? » « Et des hermaphrodites ? »

Certains députés de l'opposition – à gauche, discipline de vote à plein – jouaient aux potaches, aux affreux jojos. Tantôt rigolards, tantôt véhéments, ils se payaient une vraie récré. Ainsi se trouva-t-il quelques voix pour surenchérir et exiger des quotas supérieurs… Plus féministe ce jour-là que X ou Y, on risquait d'en mourir…

Dans l'opposition, j'eus cependant quelques soutiens (Jacques Toubon, Pierre-Bernard Couste…). Certains, comme Michel Noir ou Emmanuel Hamel, s'amusèrent à trouver le pourcentage… insuffisant. « Chiche, leur ai-je lancé, mettons 50 % ! »

Mes 30 % parurent cependant encore exagérés. Devant ce barrage, il fallut composer et ne laisser, à aucun prix, s'effilocher l'accord de principe qui se dessinait. Accord qui ne survivrait pas, c'était clair, au-delà de 25 %. Je cédai. Je pris la parole de nouveau, non sans mal, les « chefs » du groupe socialiste s'ingéniant à intervenir à ma place.

Vote unanime. Ou presque. 475 députés sur 483 votants instaurèrent par la loi le début d'une mixité parlementaire [2]. Du moins, est-ce ainsi que j'avais imaginé la bataille du quota. Ce n'était et ne pouvait être qu'un début. Car, du quota, je ne voulais guère. Mettre fin à l'exclusion des femmes exigeait une solution strictement égalitaire. Autant de femmes que d'hommes. Mais comment aurait-il fallu s'y prendre, en 1982, pour y arriver ?

Je voulais d'abord forcer le verrou de l'exclusion de fait par la participation de droit. Des femmes nécessairement élues au Parlement, il en fallait le plus possible. Jusqu'à le remplir à moitié. Certes. Mais pour un accord sur le principe d'une mixité significative, que je savais définitif – qui oserait revenir en arrière et renvoyer les femmes à leurs cuisines ou à leurs bonnes œuvres ? –, il fallait consentir à un quota. La parité exigeait un détour. Mais elle naissait le jour même

2. La loi fut définitivement adoptée par les deux assemblées le 21 octobre 1982.

de l'adoption du quota. Petit quota deviendrait grand, puisque la République lui prêtait vie. Et quel quota plus juste que celui de 50 % ?

On le voit, par d'autres chemins qu'aujourd'hui, mais quinze ans plus tôt, j'avais imaginé une stratégie paritaire qui, à l'époque, me sembla bonne. La stratégie de la tache d'huile. Car la loi du 21 octobre 1982, qui établissait pour la première fois dans notre démocratie le principe légal d'un nombre minimum de femmes dans les instances élues, ne s'appliquait qu'aux élections municipales et ne réformait que le Code des communes. Mais j'avais la certitude qu'une dynamique avait été lancée et qu'elle s'imposerait pour les autres élections, dont – bien sûr – les législatives.

La politique des quotas, qu'elle ait été instaurée par la loi ou par les partis, a, sans exception, enclenché cette dynamique.

Ainsi, l'Argentine (quota 30 % par la loi) compte-t-elle aujourd'hui 25,3 % de femmes à la Chambre des députés. De pays à la traîne – 5,8 % de femmes en 1991 –, la voilà propulsée au 11e rang.

La Belgique, par une loi du 24 mai 1994, a imposé un quota de 33,3 %.

En Chine, grâce à une décision adoptée le 3 avril 1992, 21 % de femmes siègent à l'Assemblée populaire (16e rang mondial).

A Cuba, le rôle déterminant, et jouissant d'une autorité quasi légale, de la très officielle Fédération nationale des femmes cubaines a imposé 22,8 % de députées à l'Assemblée.

En Europe du Nord (Danemark, Norvège, Suède, Pays-Bas), en Allemagne, en Autriche, en Espagne et dans beaucoup d'autres pays, les partis politiques se sont imposé des quotas sur leurs listes. Taux variant entre 30 et... 50 % !

50 % donc, en pratique sinon en « philosophie », c'est la parité. Qui règne presque en Suède (1er rang mondial), en Norvège (2e rang), pour tous les partis. En Allemagne (9e rang), deux grands partis, le PDS et les Verts, présentent des listes paritaires. En Autriche (8e rang), ce sont les Verts...

Pourquoi ce clivage entre ces pays et, par exemple, la France, dont les partis sont restés – jusqu'à ces dernières élections – sourds à cette sensibilité égalitaire entre femmes et hommes ? Les partis politiques de l'Europe du Nord seraient-ils par essence féministes ?

En fait, la culture issue d'un protestantisme progressiste a favorisé, entre hommes et femmes, un code relationnel différent. Le rapport de domination patriarcale, la virilité triomphante dans le couple comme dans la politique ont, très tôt, été mis en question. Et la force intelligente des féministes a fait le reste... Elles menaçaient – et elles ne plaisantaient pas, ces emmerdeuses – de boycotter les listes trop masculines de tel ou tel parti, de créer un parti de femmes, de présenter leurs propres candidates... Ajoutons-y – ce qui fait tristement défaut à notre société – la solidarité sans faille des féministes entre elles et des femmes à leur égard.

Bref, contexte culturel + contexte politique + rapport de force ont permis aux femmes d'obtenir de leurs politiciens un quota rigoureux, conséquent et respecté.

J'avais, dans une de mes interventions de députée, souligné « les sentiments féministes » du ministre de l'Intérieur, auteur du projet de loi. Gaston Defferre avait déjà apporté à « Choisir », dans sa bataille pour la contraception et l'avortement, un soutien constant.

« N'en parlez pas à Mitterrand..., m'avait-il dit à l'époque. Vous le connaissez, il trouve que tout cela va trop vite, ça l'agace... »

Je le connaissais. Et les craintes que Gaston Defferre, au moment du débat sur le quota, m'exprima tenaient aux pesanteurs psychologiques du président de la République. Inquiet, le ministre de l'Intérieur craignait une opposition de l'Élysée : « Allez voir le président, m'avait-il cette fois conseillé avant l'ouverture du débat. Il faut obtenir son accord..., il est terriblement réticent ! »

C'est en effet un homme irrité par mes « inventions » – il me le dit dès mon entrée – que je tentai de convaincre. Selon un scénario que nous connaissions très bien tous deux, il me reprocha de vouloir, comme toujours, aller trop vite. A quoi je lui rétorquai qu'il restait, comme toujours, profondément misogyne.

« Et si le Conseil constitutionnel annulait votre proposition ? » Il se réfugiait dans le légalisme. Je me cabrai : « Comment serait-il saisi ? Si tous les partis votent à l'unanimité la loi, ils ne peuvent demander ensuite au Conseil constitutionnel de l'annuler... Ce serait incohérent, non ? »

Car le Conseil ne disposait pas du droit de se saisir d'office de l'examen d'une loi ou de l'une de ses parties. Et je ne pouvais imaginer le raisonnement par lequel il arriverait à censurer une disposition qu'aucune autorité qualifiée ne lui avait soumise.

« Et moi ? dit alors François Mitterrand. Je peux le saisir, moi, vous le savez. » Il est vrai que la Constitution donne ce droit au chef de l'État[3].

Je préférai sourire : « Mais vous ne le ferez pas... Rappelez-

3. « Les lois peuvent être déférées au Conseil constitutionnel, avant leur promulgation, par le président de la République, le Premier ministre, le président de l'Assemblée nationale, le président du Sénat ou 60 députés, ou 60 sénateurs » (article 61, alinéa 2 de la Constitution).

vous les promesses faites aux femmes avant votre élection… et au mouvement "Choisir" en particulier.

– Enfin, on verra bien », bougonna-t-il en se levant pour me raccompagner.

« Il a été d'une humeur exécrable, rapportai-je à Gaston Defferre.

– L'important est qu'il laisse faire. » Il semblait soulagé.

Et le président de la République laissa faire.

La suite de l'histoire illustre, d'une manière éclatante, la misogynie foncière des interprètes ou « gardiens de nos institutions », presque tous masculins.

L'espérance dans ce mouvement qui, enfin, intégrait quelque peu dans la République sa part féminine était immense.

Plus dure fut la chute.

Que croyez-vous qu'il arriva ?

Le Conseil constitutionnel annula…

J'avais été mise en garde contre le Conseil constitutionnel et ses éventuelles foucades en la matière. C'était, à l'époque, un aréopage redoutable. Moyenne d'âge ? Environ soixante-seize ans. Président ? Un ancien ministre de l'Intérieur, appartenant à une droite particulièrement conservatrice, Roger Frey. Enfin, pas une seule femme n'avait encore réussi à forcer ce territoire uniquement occupé par les hommes.

D'où mon acharnement à peaufiner un amendement incontestable – avais-je pensé – au regard des règles constitutionnelles. Il fallait donc prendre garde à ne pas « discriminer positivement » dans le texte les femmes. Ainsi, avais-je veillé, dans la rédaction de l'article L. 260 *bis* du Code électoral des communes, à ne favoriser (ni défavoriser) aucun des deux sexes par rapport à l'autre. J'avais donc proposé : ***« Les listes de candidats ne peuvent comporter plus de 75 % de personnes de même sexe. »*** Était également précisé l'ordre de présentation des candidats.

Tels étaient « les amendements Halimi 106 et 107 ». Pris à la lettre, ils empêchaient tout hégémonisme électoral de chacun des deux sexes et obligeaient à laisser une (petite) place à l'autre. Les femmes comme les hommes n'étaient plus admis à former une liste uniquement féminine ou masculine, ou ne comportant que quelques candidats, alibis de l'autre sexe.

Hypothèse d'école ?

Pas tout à fait.

On se souvient peut-être que le mouvement Choisir la cause des femmes avait lancé, lors des élections législatives de 1978, des candidatures uniquement féminines, même dans les suppléances. C'était, en dehors des partis, « les 100 femmes pour les femmes ». Enthousiasme, jeunesse, inexpérience, absence de moyens, telles furent les caractéristiques de cette extraordinaire campagne condamnée par la gauche et la droite. Campagne qui se solda par un échec (pas une seule féministe élue) en même temps que par un retentissement médiatique, surtout à l'étranger, sans précédent. Mais c'était l'époque du « vote utile ». Et nous ne l'étions pas, « utiles »...

Sous l'empire de « ma » loi du 21 octobre 1982, l'aventure électorale de « Choisir » – qui reste un des moments forts de la prise de conscience politique des femmes – n'eût guère été possible. Elle eût été frappée d'irrecevabilité.

S'agissait-il – au sens strict du terme – d'un quota ? Non. Un quota désigne le groupe de citoyens dont un pourcentage minimum est exigé. L'amendement, au contraire, faisait bénéficier de ce pourcentage les femmes ***et*** les hommes, donc l'universalité des citoyens.

D'où l'immense surprise, et peut-être soulagement, dans le monde politique et dans l'opinion publique : le Conseil constitutionnel avait annulé, le 18 novembre 1982, l'article improprement appelé « quota des femmes ». Sans crier gare.

La loi L. 260 *bis* définitivement adoptée par le Parlement le 21 octobre 1982 *unanimement* – j'y insiste – était mort-née.

Stupéfaction d'autant plus grande que la règle – je l'ai dit – empêche le Conseil constitutionnel de se saisir d'office de tout contrôle.

Que s'était-il donc passé ? Personne – député ou sénateur ou autre autorité de l'État – n'avait, d'évidence, formé un recours contre le texte voté. Il y avait eu consensus presque parfait. Par quel tour de passe-passe juridique le Conseil s'était-il arrogé un droit de contrôle qu'il ne peut, en aucun cas, exercer sans une demande expresse, prévue par la Constitution ?

Histoire peu banale d'un glissement des règles de procédure, qui permit aux « Sages » la censure d'une disposition de la loi que personne ne leur demandait d'examiner. Ils se jetèrent dessus comme sur une proie qui se dérobe.

Comment s'y prirent-ils ?

Un recours partiel avait été formé contre certains articles de cette loi. Aucun ne visait l'amendement dit « du quota ». Le Conseil constitutionnel s'octroya alors le droit d'« évoquer », c'est-à-dire de soumettre à son contrôle, l'ensemble de la loi, y compris dans ses parties qui ne lui étaient pas déférées.

Ne craignant pas, en cela, de contredire sa propre jurisprudence. Voyez plutôt : « ... Il n'y a lieu pour le Conseil constitutionnel de soulever d'office aucune question de conformité à la Constitution en ce qui concerne les autres dispositions de la loi soumises à son examen [4]. »

Certains spécialistes de droit public contestent le principe même de ce contrôle de constitutionnalité. Ils estiment que des juristes ***nommés*** par le pouvoir politique ne peuvent censurer la loi souveraine. Souveraine, car elle est l'œuvre de

4. Décision du Conseil constitutionnel du 30 décembre 1975 concernant la loi de finances.

mandataires ***élus***. On y a même vu « un extravagant droit de veto ». Mais il y a pire : en se fondant de plus en plus sur des principes vaguement philosophiques, le Conseil constitutionnel se place au-dessus de la représentation démocratique. Et peut donner libre cours, quelquefois, à sa subjectivité. Traduisez : annuler les dispositions légales qui heurtent ses choix, idées ou préjugés, et non qui contredisent les bases constitutionnelles de notre République.

Il est clair que le Conseil était hostile à cette avancée des femmes dans le partage du pouvoir législatif. Il est aussi clair qu'il n'eut pas à forcer ses tropismes, politiques et sociologiques, pour décider l'annulation du « quota ». Le rejet décidé, il fallut bien – décemment – l'habiller... Ainsi, le Conseil expliqua que le texte transgressait l'article 3 de la Constitution et l'article 6 de la Déclaration des Droits de l'Homme et du Citoyen.

J'ai recueilli, au nom de l'Observatoire de la parité, les observations de Danièle Loschak sur ce point. Reprenant le texte de l'article 3 de la Constitution, elle démontre magistralement qu'il est inapplicable en la matière [5].

Hors sujet donc.

Quant à l'article 6 de la Déclaration des Droits de l'Homme, il y a quelque bizarrerie – pour ne pas dire cynisme (mas-

5. « La souveraineté nationale appartient au peuple qui l'exerce par ses représentants et par la voie du référendum. » Disposition hors du sujet ; de plus, il s'agissait – dans l'amendement censuré du 27 juillet 1982 – d'élections municipales.

« Aucune section du peuple, ni aucun individu ne peut s'en attribuer l'exercice. » Qui peut prétendre que le quota eût pu produire une telle confiscation, et au profit des femmes ?

« Le suffrage peut être direct ou indirect... il est toujours universel, égal et secret. » Il s'agit du droit de vote, qui n'est pas en cause. « Sont électeurs dans les conditions déterminées par la loi tous les nationaux français majeurs des deux sexes jouissant de leurs droits civils et politiques. » Voir la remarque précédente. (Danièle Loschak, professeur de droit public à l'université de Nanterre.)

culin) – à faire état d'un texte dont l'application avait conduit – jusqu'en 1944 – à l'exclusion des femmes de la citoyenneté ! Et cela, à propos justement d'une loi qui tentait de donner quelque réalité à leur droit d'être élues.

De la combinaison de ces deux textes, le Conseil constitutionnel considéra que l'article critiqué tendait à « la division par catégories des électeurs ou des éligibles ». Donc contraire à la Constitution. Donc annulé.

Les femmes constituent-elles une « catégorie » de l'humanité ? Nos censeurs avaient tranché. Ils ouvrirent ainsi un débat passionné dont la phase culminante se joua lors des auditions par l'Observatoire de la parité, de constitutionnalistes, philosophes, historiens, sociologues, tous de grande notoriété.

Débat qui se poursuivit – à un niveau moins pointu – dans la presse et l'audiovisuel.

8

Les femmes sont-elles une catégorie ?

La question paraît saugrenue. Elle semble procéder d'une rhétorique bizarre. Peut-être même ridicule. « Nous les femmes..., nous traiter de “catégorie”, après tout ce que nous avons fait pour eux, les hommes, que nous avons mis au monde, tous, sans exception ! » En chaque femme, à ce moment-là, s'éveille une Arletty d'*Hôtel du Nord*, mais connaissant le sens des mots et la force des femmes. Point n'est besoin d'être historienne ou philosophe pour faire sien ce constat, simplement ontologique : nous sommes la moitié de l'humanité, nous engendrons, créons les catégories et sommes dans chacune d'entre elles. Nous ne pouvons donc pas être ***une*** catégorie parmi d'autres.

Je dois avouer que je me suis posé la question le 18 novembre 1982 pour la première fois. Le jour où le Conseil constitutionnel a annulé l'amendement dit « du quota », une partie importante de la motivation (article 3 de la Constitution), on l'a vu, était hors sujet. Mais la décision ajoutait : « ... que ces principes de valeur constitutionnelle (article 6 de la Constitution) ***s'opposent à toute division par catégories*** des électeurs ou éligibles... que la règle (posée par l'amendement) comporte une distinction entre candidats en raison de leur sexe ». Avant de conclure à l'annulation.

Sollicitée par les médias, ma réaction ne s'embarrassa guère de ronds de jambe à l'égard du Conseil. Je le traitai de vieil appareil misogyne, conservateur. Je rappelai qu'il était uniquement composé d'hommes, présidé par un ancien ministre de l'Intérieur de droite dure... Et il osait étiqueter la moitié féminine du monde comme une « catégorie » ! Peut-être même – je l'avoue – ai-je été plus irrespectueuse. J'ai dû évoquer « les dinosaures » qui barrent la route à l'égalité politique des femmes... et même les accuser de rendre des arrêts dépourvus de tout fondement juridique. Bref, on l'aura compris, cette décision – dont je savais qu'elle nous ferait perdre quinze ou vingt ans – m'avait mise hors de moi. En verrouillant un peu plus un droit public qui avait réussi à transformer l'espace politique républicain en fief masculin, et cela pendant plus d'un demi-siècle, les « Sages » se faisaient combattants. Ces neuf membres, nommés pour neuf ans, étaient montés, en rang serré, au combat et en première ligne : les femmes ne passeront pas. Territoire politique : chasse gardée des hommes.

Mes propos peuvent paraître excessifs aujourd'hui. Ils procédaient, je l'ai dit, d'une déception doublée d'un sentiment d'injustice. A vingt ans, pour ma première plaidoirie, acculée par l'argumentation de l'adversaire à l'inacceptable, j'avais presque crié dans le prétoire : « Monsieur le président, l'injustice m'est physiquement intolérable. » Et, dans l'élan du désespoir, je démontrai le choix nécessaire d'une autre décision : ne pas expulser la famille tunisienne que je défendais, occupante sans droit ni titre, certes, mais sans le sou et avec sept enfants ! La colère m'avait mis les larmes aux yeux et, armée de fortes conclusions de droit, je plaidai à l'arraché ! Ce mélange insolite devant un tribunal força un jugement d'humanité. L'expulsion fut prononcée, mais j'obtins un long délai qui devait me permettre de composer avec un propriétaire intraitable.

On m'accordera, je l'espère, quelques circonstances atténuantes. Propos tenus *ab irato*.

Mais je maintiens, après études et réflexion pendant plus de dix ans, que le Conseil constitutionnel s'est fourvoyé et, osons l'écrire, a truqué.

Pourquoi, d'ailleurs, ce recours à la notion de « catégorie » ? C'est clair comme un procès d'intention : cette décision suggérait ce que d'autres, plus tard – appelons-les les « antiparitaristes » –, feront valoir.

Si les femmes sont une « catégorie » et si elles obtiennent gain de cause, toutes les autres catégories (sans guillemets, celles-là) de la population – les juifs, les Noirs, les beurs, certains ajoutent même avec un frétillement de mauvais goût : les homosexuels – pourront se prévaloir de cette jurisprudence et demander à être représentées par un quota. « Et que deviendrait alors la République, dites-moi ? » Interpellation d'une grande sévérité. Livrées à l'engrenage communautariste, l'indivisibilité, l'unité de la nation française feraient naufrage, corps et biens.

Voulions-nous le morcellement – par le communautarisme – de notre peuple un et indivisible ?

L'argument est sérieux. Et mérite, s'il est avancé de bonne foi, examen et réponse.

Pour qu'il y ait menace d'engrenage communautariste, il faut quelques traits communs – et non des moindres – entre les femmes et les catégories (les jeunes, les vieux, les chômeurs, les handicapés, etc.) ou les communautés (religieuses, ethniques, etc.).

Ce qui est reproché à l'abstraction universaliste, c'est d'abord d'en être une. Le modèle universel a permis de mettre hors la loi la monarchie absolue et a donné aux citoyens une identité politique. En cela, je le répète, il représente pour notre Histoire – et celle de nombreux autres peuples – un progrès absolu. Mais ce modèle, forcément réducteur, a gommé toute ***diversité***. Ainsi, en est-il de la différence sexuelle.

Or, neutraliser le sexe est un non-sens. « Cette neutralisation, si elle était possible, correspondrait à la fin de l'espèce humaine... La question de l'identité sexuée est une des plus importantes de notre époque », écrit Luce Irigaray [1].

L'appartenance sexuelle est un paramètre initial. Tout être humain, avant son étiquetage dans une « catégorie » de l'humanité, dans une classe sociale, dans la famille ou la tribu, ressortit au masculin ou au féminin. La culture en ses représentations depuis les fresques de la Préhistoire, ou le Droit en ses proclamations égalitaires, font expressément état d'une humanité divisée en deux sexes.

« La définition du sujet humain ne peut omettre la différence des sexes, dans la mesure où c'est comme homme ou comme femme qu'il lui est donné d'être... Hors de cette forme sexuée, il n'est pas possible d'être un être humain [2]. »

Pointe aussitôt l'objection : une telle affirmation ne marquerait-elle pas un retour aux thèses biologiques – ici, différentialistes – génératrices de discriminations et d'exclusion ? N'est-il pas dangereux de mettre en question l'équation universaliste selon laquelle tous les « hommes » sont libres et égaux malgré leurs différences ?

Je crois qu'il n'en est rien. Car, s'agissant de modifier notre Droit – à son origine même – pour y inclure l'identité sexuée des sujets, le constat implique nécessairement une réalisation de l'égalité malgré les différences. Ou étant donné les différences.

La démocratie, composée de ***citoyens et citoyennes***, ne peut que leur reconnaître les mêmes droits politiques. Et ne serait plus la démocratie si ce préalable fondateur – le genre humain

1. *Je, tu, nous*, Paris, Grasset, 1990.

2. J'attribue cette citation – mais sous réserve – à Élisabeth Sliedewski. Qu'elle, ou l'autre auteur éventuel, veuille bien me pardonner cette imprécision.

est double – n'entraînait pas l'obligation d'un partage égal entre femmes et hommes de la responsabilité de la décision.

Un sexe ne définit pas une catégorie. Ni une communauté. Ni une corporation. Il est la donnée initiale de l'existence de l'humanité. Et sa « raison » pour la perpétuer.

Et que disent, sur ce point, les philosophes ? Pour le savoir de plus près, l'Observatoire décida d'entendre Geneviève Fraisse, Alain Finkielkraut et André Comte-Sponville[3].

Geneviève Fraisse, d'emblée, pose le problème sous un angle double : l'identité de raison entre femmes et hommes (universalisme) et l'existence de la différence des sexes (au nom de laquelle est faite la demande de parité).

« La parité est une nouvelle figure de l'égalité des sexes... [Elle] est riche de puiser dans une double tradition politique : celle de l'universalisme des droits qui devrait cesser d'être au profit de l'homme masculin, d'une part, et l'utopie née au XIXe siècle, qui fut toujours un projet pour les deux sexes, hommes et femmes, d'autre part. »

Toujours avec le même sourire éclatant qui semble rendre ses propos plus évidents, plus proches de nous, elle répond à nos questions les plus diverses (et en particulier à celle de Henri Hude, « le » philosophe de la Commission politique).

Lors de notre première rencontre, quelques mois aupa-

3. G. Fraisse : philosophe, auteure notamment de *Muse de la Raison : démocratie et exclusion des femmes en France*, Paris, Gallimard, coll. « Folio Histoire », 1995, et *La Différence des sexes*, Paris, PUF, 1996. A. Finkielkraut : philosophe, auteur notamment de *La Mémoire vaine*, Paris, Gallimard, 1989, et de *La Défaite de la pensée*, Paris, Gallimard, 1987. A. Comte-Sponville : philosophe, auteur notamment de *Traité du désespoir et de la béatitude*, Paris, PUF, 1991, *L'Amour, la solitude*, Paris, Paroles d'aube, 1993, *Petit Traité des grandes vertus*, Paris, PUF, 1995.

ravant, en l'écoutant et en la regardant, je m'étais dit qu'il y avait, heureusement, des philosophes qui ne philosophaient pas seulement pour apprendre à bien mourir, selon la règle des Anciens, mais aussi à vivre mieux.

Alain Finkielkraut, je le connaissais et l'avais apprécié lors d'une action commune que nous avions voulue forte : la défense de la laïcité et de l'école de la République. Nous nous opposions au port du foulard par certaines élèves musulmanes. Sous la présidence d'Ariane Mnouchkine – l'unique –, militante des causes que j'appellerai essentielles – les droits de l'homme, la cause des femmes, la cause de la Bosnie, la cause des immigrés, disons toutes celles où la revendication se confond avec celle de la dignité humaine –, en compagnie d'autres organisations et intellectuels, « Choisir » avait appelé à un grand meeting public à la Mutualité. Salle comble, vibrante, volonté tendue des femmes et des hommes présents ce soir-là de barrer la route à ce que j'avais appelé « un *apartheid* sexuel des femmes ». J'avais évidemment mis en exergue la défense de l'égalité dans nos écoles, entre élèves des deux sexes. L'alibi de la liberté religieuse menaçait notre institution-fondement : l'école de la République.

J'avais aussi, en juriste, ironisé sur un gouvernement qui se défausse sur un Conseil d'État, lequel passe le bébé et tous les tchadors de France aux chefs d'établissement et aux conseils de classe. A eux de trancher… comme si la laïcité pouvait être question d'appréciation régionale ou circonstancielle !

L'ami Régis Debray fut, comme à l'accoutumée, brillant, mais de mauvaise humeur cependant, car son tour tardait. Alain Finkielkraut, Danièle Sallenave intervinrent dans l'enthousiasme d'une salle qui confinait à la ferveur : celle de la défense de la République.

Lorsque je l'avais sollicité au téléphone pour être entendu par l'Observatoire de la parité, A. Finkielkraut avait accepté aussitôt – « La parité, ça m'intéresse… » – et oublia de venir. Partie remise. Nouveau rendez-vous.

Ce jour-là, il argumente avec passion. Sa démonstration tient en un point : la double analogie du mouvement pour la parité avec, d'une part, le multiculturalisme et, d'autre part, le féminisme américain.

« Il [le féminisme américain] s'est allié avec le mouvement noir, et les femmes se sont elles-mêmes présentées comme une minorité, qui revendique, en tant que minorité, des droits », et même s'il reconnaît « je vois bien que celles qui, en France, défendent la parité sont très attachées à un certain modèle républicain français et ne veulent pas que la parité soit le cheval de Troie du multiculturalisme à l'américaine », il se hâte d'ajouter : « je dis que, quel que soit l'effort fait précisément pour se démarquer du mouvement multiculturaliste que je viens de décrire, je crains que ce ne soit la boîte de Pandore ».

Nos questions – d'Aristote à la déconstruction d'une certaine idée de la virilité en politique, exempte d'émotions, en passant par l'exigence, pour certains, d'une véritable mixité – animent un débat à plusieurs dimensions.

Roselyne Bachelot refuse toute complaisance. Elle n'aime guère ces propos qui vantent nos qualités féminines. « Je crois que la seule chose qui justifie la place des femmes dans la politique, c'est bien le concept de justice. » Elle interpelle directement le philosophe : « Vous ne pouvez plus vous réfugier seulement derrière des slogans. Il faut bien que les femmes participent à cette vie démocratique pour la sauver. »

Lequel philosophe, à plusieurs reprises, se dit en accord avec Roselyne et moi-même. Au feu croisé de nos interventions, il oppose une réflexion tantôt ouverte : « Vous avez entièrement raison, on n'a rien à gagner à parler de nature féminine qui manquerait à notre vie politique » ou « Tant que les deux sexes ne seront pas représentés, il faudra sans cesse démythifier et déconstruire parce que nous vivons dans un monde qui n'est que masculin... », et tantôt entêtée, circulaire : « C'est sur le choix des moyens qu'il y a dissension. Je ne peux là-dessus répondre autre chose... » « On est sur un terrain dangereux, il faut se distinguer d'un discours de la reconnaissance. » (Je venais de faire remarquer que nous voulions, nous, femmes, être reconnues, non pas comme femmes – *self esteem* –, mais comme citoyennes à l'égal des citoyens).

Il finit par nous suggérer d'agir du côté du cumul des mandats. La parité ayant la faveur de l'opinion publique, dit-il, les caciques des partis finiraient par céder. Espérons-le ! avons-nous conclu en chœur.

Ce 11 juin 1996, André Comte-Sponville arrive au deuxième bureau de l'Assemblée nationale un journal sous le bras. « Vous avez lu ? me demande-t-il. Élisabeth Badinter a écrit, ce soir, un article violent contre la parité [4]. » Je n'avais pas lu *Le Monde* de l'après-midi, et il nous importait de commencer l'audition à l'heure prévue.

J'avais, en revanche, lu quelques ouvrages d'André Comte-Sponville, et l'ayant vu débattre, avec une certaine originalité, à la télévision, j'avais proposé à la Commission de l'entendre. Il avait accepté sans hésiter, me disant que le thème était important. Intitulé de son exposé : « La parité ou des quotas, au service de l'égalité. » Il le parcourt plutôt qu'il ne le lit, insistant au passage sur certains points forts. Pour lui, la sous-représentation « incroyable » des femmes en politique représente bien « un déficit grave pour la démocratie ».

Il accompagne son propos de gestes courts, parle dans le micro comme s'il s'adressait à chacun, à chacune d'entre nous. Avec naturel, avec conviction. Sa réflexion – comme ses hésitations, les questions qu'il se pose à lui-même – nous

4. « Non aux quotas », *Le Monde*, 12 juin 1996.

entraîne à la remise en question. Nous échangeons, Roselyne et moi, un regard satisfait – « pas mal, le gars ! » – quand il dit au début de son discours : « Nous privons les femmes d'une représentation satisfaisante et nous nous privons nous-mêmes de tout ce qu'elles pourraient, politiquement, nous apporter. Quelle injustice plus criante ? Quel gâchis plus absurde ? » En faisant valoir que l'égalité proclamée en droit s'était traduite par une inégalité de fait, il s'exclame : « La volonté suffirait ! C'est ce qui rend le discours de nos hommes politiques, sur ce thème, bien suspect. S'ils sont pour l'égalité des hommes et des femmes, que ne la réalisent-ils effectivement ?... La vérité, c'est que les places sont chères, d'autant qu'elles sont plus rares (à cause notamment du cumul des mandats) et que les hommes qui les occupent n'ont aucun intérêt à y renoncer... »

Il pose alors les termes du problème de la parité : traduire l'égalité politique des femmes et des hommes par une égalité dans les faits, et il avance une question, ***la question*** : « Faut-il aller plus loin et demander au Droit de l'imposer ? » Avant de répondre, il formule lui-même une réserve : le risque d'atteinte à l'égalité indifférenciée des citoyens et à l'unité indivisible du peuple français.

« Imposer juridiquement la parité, demande-t-on alors, n'est-ce pas renoncer à l'universalisme républicain, au nom d'un différentialisme douteux ? Et comment échapper, dès lors, aux dangers du communautarisme ? »

Le philosophe avait pris toute la mesure de la force de ces objections. Il nous le dit. Avec une grande sincérité, il avoue que, longtemps, le thème de la parité l'avait laissé réticent, « et je ne l'aborde pas, aujourd'hui encore, sans une certaine hésitation », ajoute-t-il.

Mais sa réflexion l'a conduit, dit-il, à la critiquer ou à la relativiser : « D'un point de vue théorique, opposer l'universalisme républicain au thème de la parité, c'est faire une confusion initiale… Pourquoi garantir par des quotas la place des femmes dans nos institutions, demande-t-on, et pas celle des Noirs, des beurs, des homosexuels, des ouvriers, des protestants ? » Silence passionné. Le dilemme est posé d'une manière radicale : sommes-nous une catégorie, une unité, une race ? Ou la moitié de l'humanité qui englobe le tout ?

A. Comte-Sponville reprend : « Mais qui ne voit pas que les femmes ne sont pas une race, ni une classe, ni une religion ? Je dirai plus : les femmes ne sont pas une communauté, et c'est pourquoi, me semble-t-il, l'objection du communautarisme ne peut être valablement opposée à la parité qu'elles revendiquent. Ce ne sont pas les femmes qui sont une communauté ; c'est l'humanité qui est sexuée, et l'on ne saurait mettre cette différence-là, qui nous constitue, qui nous traverse, qui nous engendre, au même niveau que des différences superficielles (la couleur de la peau), idéologiques (la religion) ou sociales (le métier, le comportement…). Les femmes ne sont pas une minorité qu'il faudrait protéger. Elles ne sont pas non plus une classe ou un groupe de pression. Elles sont la moitié de l'humanité, et aucune démocratie ne saurait justifier qu'on l'oublie. »

La deuxième critique du philosophe est d'ordre pratique : le principal argument en faveur des quotas ou de la parité, c'est, dit-il, leur efficacité. « La parité, à mes yeux, n'est pas un principe ; c'est un moyen. Le principe, c'est l'égalité des hommes et des femmes ; mais quel moyen pour l'imposer, puisque tout a échoué jusque-là, sinon la parité ou des quotas ? Bref, dans mon esprit, il s'agit moins d'imposer la parité, comme si elle était un idéal (l'idéal serait que le problème ne se pose plus), que de faire cesser un scandale, qui est la quasi-exclusion des femmes de notre vie politique. Problème de fait : solution de fait. Le Droit, pourtant, doit y jouer son rôle, et s'il faut pour cela modifier la Constitution, qu'on le fasse ! » Clarté péremptoire.

Avant de se prêter au jeu des questions/réponses, il fait une proposition. Envisager une grande pétition qui dirait : « Les signataires s'engagent à ne voter en aucun cas, lors du premier tour des prochaines élections législatives, pour le candidat d'un parti qui ne présenterait pas au moins 33 % de femmes. »

Ce projet, appliqué aux élections de mai-juin 1997 après une dissolution qui a précipité les décisions des partis (de gauche surtout), eût éliminé avec un zéro pointé le RPR et l'UDF. Quant aux partis socialiste, communiste et des Verts, il eût fallu, pour voter pour eux, leur accorder quelques circonstances atténuantes (la précipitation) et… leur faire un prix. Exceptionnellement. Au lieu du seuil – symbolique, il est vrai – de 30 %, saluer un 27 % ou 26 %, en rappelant que la prochaine étape à franchir serait celle de leur promesse : la parité.

Dans ses réponses, A. Comte-Sponville évoque l'article d'Élisabeth Badinter paru dans *Le Monde* du même jour : « [Elle] récuse, bien sûr, la parité, au nom de l'universalisme républicain que j'évoquais aussi, mais aussi au nom de ce qui me paraît, au fond, une pure et simple dénégation de la différence sexuelle. »

« Notre » philosophe (H. Hude) demande à notre invité, « de philosophe à philosophe » comme il le précise, s'il ne pense pas que « …la parité serait susceptible d'abolir cette différence au nom de laquelle on entend la justifier et de promouvoir une société plus homogénéisée… ».

Non, dit A. Comte-Sponville. Et il évoque l'exemple que nos antiparitaristes – notamment, dit-il, Élisabeth Badinter – nous opposent avec une sorte de mauvaise jouissance : Mmes Thatcher, Gandhi, Bhutto n'ont-elles pas agi comme des politiciens masculins et, dans certaines circonstances, pire qu'eux ?

L'argument est piégé. J'ai consacré beaucoup de temps et

de patience pour l'expliquer. Dans un univers politique d'hommes, ces dames n'ont réussi qu'en démontrant que, justement, elles l'étaient très peu, dames, et que les chefs pouvaient les accueillir parmi eux, sans crainte de dépareiller. Ce qui, dans tous les cas, représentait une assez bonne opération dans l'opinion publique : ouverture d'esprit, progrès de civilisation... Voyez, nous n'avons pas de préjugés, nous mettons une femme à la tête de notre pays, etc., et un investissement sans risque, ces femmes politiques se comportant, pour garder le pouvoir, en politiciens ordinaires.

A l'inverse, la parité permet aux femmes, non précarisées, non otages, non assimilées corps et politique aux hommes, de se manifester comme elles sont : citoyennes et non citoyens.

C'est en substance ce que A. Comte-Sponville répond. Mais j'étais si heureuse de l'entendre dire par d'autre que moi que je vous raconte la séance en long et en large... « De philosophe à philosophe » encore, une définition de la différence sexuelle est recherchée. On ne tâtonne pas longtemps. C'est se tromper que d'assimiler cette différence biologique à celle qui existe entre un Noir et un Blanc par exemple. Cette démarche, « suspecte », assimile au superficiel, à l'anecdotique, l'existence de deux sexes. « On peut très bien concevoir l'humanité si nous étions tous de la même couleur. Je ne vois pas ce que serait l'humanité s'il n'y avait qu'un seul sexe... », répond A. Comte-Sponville.

Et lorsque est évoqué le fameux risque de dérapage communautariste, il le récuse superbement. Entre les femmes et les hommes, il ne s'agit ni d'un choix ni d'une donnée culturelle, encore moins d'une minorité opposée à une majorité. Il martèle, en nous regardant à tour de rôle, comme pour s'assurer que nous l'avons compris : « C'est, encore une fois, je crois, le point majeur de mon intervention : ce ne sont pas les femmes qui sont une unité, c'est l'humanité qui est sexuée. »

Une humanité où, ensemble, hommes et femmes, différents

et égaux, réaliseraient parfaitement l'universalisme républicain.

Nous sommes aux anges, Roselyne et moi. Démontrée par un philosophe matérialiste, républicain, notre argumentation reprenait des couleurs, et nous de l'assurance. J'ai beaucoup aimé aussi que soit souligné ce que j'ai constamment dénoncé, à savoir que l'universalisme républicain de principe fait bien jouer les différences femmes/hommes, mais au bénéfice, bien sûr, des hommes.

Nous ressentons tous l'importance de cette audition, l'originalité d'une telle réflexion.

Je remercie très vivement au nom de la Commission notre grand témoin et le raccompagne.

En regagnant notre deuxième bureau, où nous attend un autre invité, je reprends la réponse du constitutionnaliste Guy Carcassonne, que nous avions reçu quelques mois auparavant : « Je suis par conviction hostile à toute catégorisation de la population, nous avait-il affirmé. Mais s'agissant des femmes, la menace n'a pas de sens. » « La division de l'humanité entre femmes et hommes offre le seul cas de division limitée à deux, d'importance à peu près égale, répondant à des critères totalement objectifs..., ce qui n'est le cas ni des catégories religieuses, ethniques ou raciales... » « Il ne s'agit donc, en aucun cas, de mettre le doigt dans quelque engrenage que ce soit. »

A l'article d'Élisabeth Badinter déjà mentionné avait succédé celui de Sylviane Agacinski-Jospin[5]. Disons plutôt : avait répondu. Et de magistrale manière.

Le hasard voulut que quelques jours avant la publication de son article – le 12 juin –, j'aie fait un couscous pour quelques amis. Sylviane et son époux étaient du nombre. En vérité, je

5. « Citoyennes, encore un effort... », *Le Monde*, 18 juin 1997.

connaissais peu Sylviane. Je l'avais aperçue deux ou trois fois dans des réunions publiques où elle accompagnait son militant de mari. C'est lors d'une de ces réunions, pendant la campagne des présidentielles, que je me retrouvai à ses côtés. Lionel Jospin[6] traitait, devant un auditoire de femmes et d'associations féministes, des questions de parité et de quotas, justement. Elle me dit avec beaucoup de gentillesse qu'elle avait lu *La Cause des femmes.* « C'était pour moi un livre important, ajouta-t-elle avec une pointe d'émotion, comme pour beaucoup de femmes. » Je ne savais d'elle que ce qu'en disaient les journaux : prof de philo, un ou deux livres à son actif, « deux en préparation », m'a-t-elle précisé, un fils, un mari. Depuis, en l'apercevant agiter doctement des concepts abstraits dans une émission de télévision tardive, la nuit (ou plutôt à l'aube), je me demandais ce qui, dans son physique, son maintien, séduisait. Et j'eus ma réponse le soir du couscous.

Lionel Jospin avait été, comme premier secrétaire de son parti, l'invité de l'Observatoire de la parité. Quelques jours avant notre dîner, nous avions entendu A. Comte-Sponville, et lu, avec quelque tristesse, l'article d'Élisabeth Badinter. Je commentai donc le tout avec L. Jospin. Défendre un universalisme comme celui-là, qui a permis l'éviction de la moitié des citoyens – les femmes – de la démocratie, c'est défendre un universalisme trompeur… (C'était le titre d'une de mes conférences d'ailleurs, et le sens de l'introduction que j'avais faite pour la réédition de *La Cause des femmes* : mixité par la parité, universalité concrète par la réalisation des droits des deux moitiés de l'humanité.) Comment prétendre que les femmes sont une catégorie ou une unité, comment ignorer à

6. Ancien premier secrétaire du Parti socialiste, Premier ministre depuis juin 1997.

ce point la différence sexuelle… Et j'ajoutai : « J'ai été heureuse d'entendre Comte-Sponville dire : si c'est ça l'universalisme, si c'est à ce résultat qu'il nous a conduits, alors il faut en revoir les fondements et les textes… » C'est à ce moment-là que le premier secrétaire du Parti socialiste se tourna vers Sylviane, qui écoutait en silence :

« C'est exactement ce que tu dis, non ?

– Pourquoi ne pas l'écrire, Sylviane ? demandai-je aussitôt.

– C'est fait. J'ai envoyé un article au *Monde* en réponse à Élisabeth Badinter. Il devrait paraître bientôt. »

L'article parut et, à sa lecture, je pris, je dois l'avouer, un grand plaisir intellectuel. Le débat était bien engagé et l'on ne s'en laissait plus compter en diabolisant tout propos – théorique et critique – sur l'universalisme. Quand Sylviane parla – et ce fut le tour de L. Jospin d'être silencieux –, elle me sembla réussir une assez belle conjonction : une autonomie de la pensée qui, en s'exprimant fortement, donnait à son visage, à sa personne, une sorte d'assurance esthétique. Elle était de celles dont les gestes, la manière de tenir un verre, de croiser les jambes ou de regarder droit dans les yeux l'interlocuteur font, de l'intelligence, lorsqu'elle s'exprime, une séduction particulière.

Bref, nous sympathisâmes.

La soirée fut gaie, comme peuvent l'être ces longues soirées de juin qui sentent le jasmin (j'en ai planté sur ma terrasse) et les épices de mon couscous (j'ai de nombreux petits pots dans ma cuisine).

Il me semblait que, contrairement à ce mot pessimiste de Marx, l'Histoire n'avançait pas toujours par ses mauvais côtés. En tout cas, pas ce soir-là…

9

Les partis politiques où l'homme est roi...

Il faut y insister : aux termes de notre Constitution de 1958, les partis politiques jouissent en France d'une liberté quasi absolue. Liberté proclamée – et à peine limitée – par l'article 4 : « Les partis et groupements politiques concourent à l'expression du suffrage. Ils se forment et exercent leur activité librement. Ils doivent respecter les principes de la souveraineté nationale et de la démocratie. »

Certes, le rôle que leur attribue le texte est essentiellement électoral, mais par leur action – au sein des groupes – au Parlement, ils contribuent grandement à « façonner » la politique nationale. Donc libertés d'organisation et d'exercice totales, les limites posées par le respect de la souveraineté nationale et la démocratie allant presque de soi (interdiction des groupes de combat et de milices armées, ainsi que des mouvements faisant l'apologie du racisme ou du terrorisme...).

D'où vient alors que tous les chefs des grands partis aient déploré, à l'unisson, lors de leur audition par l'Observatoire de la parité, mais également dans leurs déclarations et dans les médias, la quasi-invisibilité des femmes dans la représentation nationale[1] ? Ils ont souligné, en même temps – à l'exception des Verts –, leur impuissance à pratiquer, à l'intérieur de leurs propres formations comme lors de la présentation des candidatures, une véritable mixité. Propos paradoxaux à première vue quand on mesure l'étendue des pouvoirs accordés aux partis par notre République.

Par quelle loi, quelle disposition contraignante ont-ils été empêchés de présenter 40 ou 50 % de femmes aux élections ? Aucune. En réalité, disent-ils en chœur, « l'inégalité reste, hélas, la règle ». Pourquoi ?

Les réponses font valoir, dans le désordre : l'opposition des militants (masculins) de base, le petit nombre des candidates prises dans leurs tâches multiples dont aucun responsable ne propose un plus juste partage avec les hommes), le rejet par les femmes des « valeurs » du champ d'affrontement politique (compétition, violence – « la politique est un métier de tueur », ont déclaré certaines femmes anciennes ministres –, usage de la langue de bois, etc.).

Il est même fait état de la sclérose des mentalités qui bloquerait l'avancée des femmes en politique, alors que tous les sondages sur ce thème donnent une large ou très large majorité pour une égalité paritaire des femmes !

En réalité, les politologues spécialistes des droits des femmes sont formel(les) : les pratiques oligarchiques des partis sont « de véritables machines à exclure les femmes » et, précise Mariette Sineau[2], fonctionnent dans « un phénomène d'autoreproduction des élites... ».

De quoi ont-ils le plus peur, ces partis : du péril jeunes ou

1. Ont été auditionnés MM. Jean-François Mancel pour le Rassemblement pour la République, Gilles de Robien pour l'Union pour la démocratie française, Lionel Jospin pour le Parti socialiste, Robert Hue pour le Parti communiste, Jean-Pierre Chevènement pour le Mouvement des citoyens, Dominique Voynet pour les Verts.

2. Politologue, directrice de recherches au CNRS.

du péril femmes ? Des femmes, incontestablement, car « le politique en France est resté du domaine du sacré, du religieux, et renvoie à la Révolution française, à la rupture et au commencement de la légitimité démocratique qui s'est faite sans les femmes ». Et ajoute, avec un certain humour noir, Mariette Sineau, au nom de ces grands principes révolutionnaires, se sont forgées « des pratiques qui leur [aux partis] sont totalement légitimes, c'est-à-dire une exclusion légitime ».

Les femmes sont accusées de ne point vouloir s'engager dans les partis. Faux, affirme Janine Mossuz Lavau[3], qui a mené des enquêtes approfondies, en interrogeant des « électrices ordinaires ». Elle a constaté chez elles un très fort potentiel d'engagement : « Elles sont mécontentes de ce qui se passe et elles veulent changer les choses... Elles voient les partis comme au cœur de ce qu'elles n'aiment pas, [au] fonctionnement rebutant pour elles... qui se présentent comme des machines de guerre... »

Le parti alors majoritaire absolu, le RPR, rejetait « toute mesure de quota ou de parité ». C'est en tout cas ce que nous affirma, le 16 octobre 1996, son secrétaire général, Jean-François Mancel[4], au regard clair et à l'allure sportive. Sans paraître en proie à la moindre perplexité, il proclama que « la féminisation est de la responsabilité des partis ». Il se contentera, lors des législatives de mai-juin 1997, de présenter 7,7 % de femmes. Résultat : 5 femmes élues, soit 3,57 %.

Vint le tour de Gilles de Robien[5], pour l'UDF, dont il présidait le groupe à l'Assemblée.

3. Politologue, directrice du CEVIPOF (Centre d'études de la vie politique française).
4. Ancien secrétaire général du RPR, président du conseil général de l'Oise.
5. Député-maire d'Amiens et ancien président du groupe UDF à l'Assemblée nationale.

Son exposé fut attachant par la marque personnelle de son auteur. Sincèrement convaincu que cette « démocratie inachevée » n'était pas digne de notre pays, il conclut que des mesures volontaristes s'imposaient. Il parlait d'une voix égale, rejetant, dans un geste aristocratique, la tête en arrière. Je lui trouvais un je-ne-sais-quoi d'idéaliste (et de très sympathique) dans le maintien, et même dans le projet, compte tenu de son environnement politique. D'où vint alors qu'il se fit brusquement Cassandre ? « Je suis sûr qu'on va à un fiasco pour les législatives… Un tas de femmes vont se casser le nez dans des circonscriptions au scrutin majoritaire… Aujourd'hui elles n'y sont pas prêtes… », nous assura-t-il.

Le résultat des dernières législatives a démenti ce point de vue. Mais n'anticipons pas… Et ajoutons que l'UDF s'est prononcée. Par une proposition de loi constitutionnelle, pour une limitation de candidats du même sexe (2/3) dans les scrutins de liste. Et n'a proposé aucun remède à la quasi-absence des femmes au Parlement. Ni modification de scrutin, ni application de ce quota aux candidatures des partis. Aucune suggestion pour les législatives, sauf imposer un apprentissage dans un parcours obligé – réservé seulement aux femmes – à travers les échelons municipaux, régionaux, etc.

Que nous a dit Lionel Jospin, alors premier secrétaire du Parti socialiste ? Sa position a sans cesse évolué, je dirais plutôt progressé.

Le 3 avril 1996, il se félicite devant l'Observatoire de ce que 75 % des militants socialistes se soient prononcés pour l'inscription dans les statuts de l'objectif de parité. Un quota de 30 % régit la participation des femmes à l'intérieur du parti, à tous les échelons. Mais il hésite encore – nous confie-t-il – sur la nécessité de modifier la Constitution pour y intégrer le principe de parité.

Dans la manière qu'il eut de le dire, et de répondre à

nos questions, je retrouve sans surprise le responsable du Parti socialiste de 1981. A cette époque, je m'étais, à plusieurs reprises, ouverte à lui de mes difficultés avec le groupe socialiste à l'Assemblée et avec son président, Pierre Joxe. Il s'abstint, cela va de soi, de prendre parti. Mais je découvrais chez lui cette « vertu » que la campagne des législatives de mai 1997 révélera à la France. Il ne copinait pas, ne dénigrait personne et, constamment, sur tous les problèmes qui lui étaient soumis, exerçait un droit d'examen personnel. En prenant son temps. Ce qui conduit forcément au droit d'inventaire de certains héritages... A quoi nous avions, en famille, applaudi.

Derrière ses grosses lunettes – ce sont les verres qui sont épais, en réalité –, il semble écouter, tout en continuant de réfléchir. Et après une pause, quelquefois longue, à chaque question, il répond. Il vérifie que ses lunettes sont bien en place et s'exprime avec une certaine lenteur.

En l'écoutant, je songe à l'une de nos soirées où il me parla de la guerre d'Algérie et fit en sorte que nous ne parlions que de cela. Il était étudiant au moment du déclenchement des « événements » (on ne pouvait, officiellement, parler de guerre) et, nous confia-t-il, l'histoire de l'indépendance algérienne l'avait beaucoup marqué.

Ses cheveux ont beaucoup blanchi et l'on sent que faire de la politique pour lui – à l'inverse de certains, dont, dans son parti, François Mitterrand – n'exprime guère l'affirmation d'une particulière volonté de puissance. Je dois même avouer que je me suis dit, ce jour-là, qu'il devait sûrement préférer autre chose dans la vie ; ce qui, bien sûr, a accru mon amitié pour lui.

Je fus particulièrement heureuse de l'entendre, le 12 mars 1997, au lendemain du débat à l'Assemblée nationale sur la place des femmes dans la vie publique, sauter le pas : il faudra bien inscrire dans la Constitution le principe de la parité entre femmes et hommes, affirma-t-il.

Robert Hue[6] fait valoir l'avance du Parti communiste en la matière. Oui, sans réserves, à la parité, nous dit-il lors de son audition, le 22 octobre 1996. Oui à la modification de la Constitution. D'ailleurs, deux propositions de lois de son parti sont déposées en ce sens.

Robert Hue est jovial, d'emblée sympathique. Il multiplie les « euh... euh... » pour mieux ramasser sa pensée, pour mieux communiquer. Il veut convaincre. Qui a passé un après-midi avec lui peut, sans le moindre risque, affirmer que le Parti communiste a bien changé... Le secrétaire national ne déteste pas l'audace dans ses réponses et même l'innovation par rapport à « la ligne »... On sent bien, à son sourire volontaire et à son regard attentif à chaque intonation ou geste de ses interlocuteurs, le souci profond de donner une autre image des communistes.

Je l'avais connu en 1995, lors de la campagne des présidentielles. « Choisir » interrogeait alors les candidats sur la parité et je lui avais demandé un entretien. Pour lui, comme pour les autres, entre les meetings en province, les interviews télévisées et les réunions des partis, prendre un nouveau rendez-vous relevait de l'exploit. D'autant que nous étions à quelques jours du premier tour. « Je regarde. Attendez... non.... vous ne pouvez pas passer lundi... ni... jeudi je suis à... » Il feuilletait son agenda tout en me parlant au téléphone. « Où est votre cabinet ? » me demanda-t-il alors. Il était attendu à RTL, je crois, de l'autre côté de la Seine, le mercredi. « Je peux passer vous voir avant. Je n'aurai qu'une demi-heure. » Et, en effet, mes deux amies de « Choisir » et moi-même l'accueillîmes au jour et à l'heure dits, précis, ponctuel, souriant et... partisan déclaré de la cause des femmes !

6. Secrétaire national du Parti communiste, député à l'Assemblée nationale.

Que dire de plus, sinon que nous sentîmes entre nous une sorte de complicité et que l'entretien nous mit du baume au cœur...

Jean-Pierre Chevènement nous apparaît, dans son témoignage devant notre Commission, comme un véritable pionnier de la cause des femmes et de la parité. Son parti n'a-t-il pas, avec l'aide du mouvement Choisir la cause des femmes, déposé en mars 1994, à l'Assemblée nationale, une proposition de loi visant à modifier la Constitution ? Et la campagne pour les élections au Parlement européen de juin 1994 n'a-t-elle pas donné l'exemple avec ses listes paritaires, mais aussi en faisant de l'institutionnalisation de la parité un vrai thème de campagne ? C'est en cela – et c'est fondamental – que la différence doit être faite avec la liste socialiste conduite par Michel Rocard, dite « Chabadabada », au goût uniquement circonstanciel.

Chevènement, le nationaliste universaliste à tout crin, explique le fossé entre principe et réalité et comment il faut remettre l'universalisme, pour qu'il devienne égalitaire, sur ses pieds. « ... Mais force est de constater que ce principe [l'universalisme] théoriquement inattaquable ne se traduit pas, pour ce qui concerne les hommes et les femmes, par l'objectif proclamé d'égalité. ... Si pour soutenir l'affirmation de l'identité égalitaire, on répète que le citoyen, c'est la citoyenne, que lui, c'est elle, et que c'est pour cela qu'ils sont égaux, on demeure dans une confortable abstraction – sans voir ou en feignant de ne pas voir – que ce raisonnement conduit à entériner une inégalité scandaleuse dans le domaine politique entre les hommes et les femmes. Le Conseil constitutionnel lui-même a, de façon constante, admis que le principe d'égalité n'était pas méconnu lorsque, à des circonstances de fait ou de droit différenciées, le législateur faisait correspondre des dispositions législatives différenciées. » « ...Celle-ci [la démocratie] est composée d'hommes et de femmes qui ne sont pas des êtres humains identiques mais qui concourent ensemble et complémentairement à la pérennité de l'espèce humaine. »

Jean-Pierre Chevènement, c'est le compagnon de ces grands combats qui font du bien à l'« âme politique » (je viens d'inventer l'expression, mais vous voyez ce que je veux dire...) et sauvent l'honneur.

Du courage, de l'intégrité, de l'intelligence, il n'en manque pas. Il sait dire non, s'en aller, continuer à se battre avec un petit groupe. Et même rester seul, avec ses principes. Je le regarde, toujours le même : visage d'adolescent grisonnant, langage de chef.

Son attitude contre la guerre du Golfe a, je crois, scellé notre amitié. Il est trop tôt pour que l'Histoire lui rende justice. Mais elle s'avance, doucement, le verdict encore masqué. Et les prémisses sont là, immuables. Nous avons fait une guerre décidée par les États-Unis, sous leur commandement. On peut appeler ça l'humiliation, pour qui estime que la citoyenneté française implique un minimum d'indépendance – et de fierté. Au mépris de toute égalité des pays devant le Droit international. Qu'est le Droit s'il n'est pas le même pour tous ? Que valent des résolutions du Conseil de sécurité exécutoires pour l'Irak (sous peine de guerre, de destruction, d'embargo criminel) et restées lettres mortes pour Israël ou la Syrie ? La France a été la grenouille qui a cru se faire aussi grosse que le bœuf yankee... Quelle pitié ! Voyez aujourd'hui la place de notre pays dans le Moyen-Orient, en Afrique, et même ailleurs...

Vint le tour de Dominique Voynet [7]. Elle rappelle, le même jour, que, bien que non représenté au Parlement, son parti, les

7. Ancienne porte-parole des Verts, ministre de l'Aménagement du territoire et de l'Environnement depuis juin 1997.

Verts, avait non seulement opté pour la parité institutionnalisée, mais surtout l'avait mise en pratique. Synchronisme assez rare en cette matière, entre le dire et le faire, pour qu'il ne soit pas salué. D'ailleurs, n'est-elle pas la seule femme porte-parole et leader de son parti ?

Je n'ai jamais su ce qui, dans cette jeune femme blonde, donnait envie d'y croire. De croire à quoi d'ailleurs ? A l'écologie, bien sûr, mais aussi à la santé radieuse, à un avenir humain, à une manière de faire de la politique..., au bonheur même !

Quand elle ne sourit pas, son regard et sa voix surtout se chargent de le faire. Elle s'exprime doucement, et son petit zozotement (oh, à peine !) donne envie de connaître sa petite fille de deux ou trois ans, qu'elle porte sur ses épaules, dans les manifestations...

Quand Dominique Voynet se redresse, on s'aperçoit qu'elle est grande et forte. Et cela surprend, sans que l'on sache trop bien pourquoi. Cela m'avait déjà surprise lorsque au premier rang de la manifestation pour les droits des femmes, le 25 novembre 1995, nous avancions en nous tenant par le bras (de l'autre côté, je m'agrippais à celui d'Arlette Laguillier), hurlant à l'unisson nos slogans féministes. (Le bonheur, ça doit être ça : sentir un parfait accord entre sa vie et un moment de sa vie.) Pour l'instant, elle secoue sa frange raide et parle comme dans une conversation entre amis.

Elle nous remet quelques documents et s'en va : « Je n'ai personne pour garder ma fille aujourd'hui ; voilà la différence entre une femme et un homme politiques... »

Au cours de ces auditions, de nombreuses convergences, entre tous les courants politiques, s'exprimèrent quant aux mesures d'accompagnement nécessaires à une telle « révolution ».

Statut de l'élu(e), mesures financières favorisant les partis qui présentent un nombre de femmes important ou paritaire aux élections, l'établissement d'un scrutin proportionnel à différentes gradations pour les législatives, un non-cumul strict des mandats avec une durée d'exercice limitée, enfin un « ticket » député/suppléante ou députée/suppléant.

Accord également de tous les partis – y compris du Parti communiste qui, ce faisant, assouplissait sa position – pour ne faire d'aucune de ces mesures un préalable. La parité pouvait aller son chemin, il s'agissait de l'accompagner, de supprimer les obstacles, d'en hâter l'exercice. Non de transformer le processus en course-handicap.

Le 21 avril 1997, coup de théâtre dans notre vie politique : dissolution de l'Assemblée nationale par le président de la République. La Constitution, en son article 12, l'y autorisait formellement. Les raisons données – une meilleure cohésion de la majorité pour affronter des échéances difficiles (l'euro, le chômage, etc.) – étaient-elles convaincantes ? Il me semble que non.

Un renversement de la majorité sortit des urnes. La gauche l'emporta.

Lionel Jospin fut nommé Premier ministre, et un gouvernement pluraliste comprenant socialistes, communistes, radicaux-socialistes, Verts et le Mouvement des citoyens fut formé.

8 femmes entrèrent au gouvernement (sur 26 ministres) : un bien agréable pourcentage dont on veut augurer le meilleur…

Mais quelle place les femmes ont-elles tenue dans la campagne et quels en furent les résultats ? Certains partis furent, je l'ai dit[8], nettement décevants. D'autres, ceux de la nouvelle majorité, semblent avoir initié la dynamique de la parité – mais tout reste à faire.

8. Voir chap. 3.

10

Édith Cresson et quelques (unes) autres…

La présence de Simone Veil, Michèle Barzach ou Édith Cresson[1] nous ont valu, au sein de l'Observatoire de la parité, des moments privilégiés.

Témoignant de leur propre expérience dans un langage à la fois politique et affectif, ces deux dernières nous ont décrit les terribles handicaps de leurs parcours de femmes. En les écoutant, nous nous sentions un peu humiliées de leurs humiliations, frappées par les coups reçus, fières de leur courage. En butte à l'acharnement grossier des hommes politiques, elles ont cumulé les difficultés de leurs charges – comme tout responsable de gouvernement – avec celle d'être femme pour les assumer.

Michèle Barzach rappelle qu'elle a été d'abord l'illustration de ce qu'elle voudra dénoncer par la suite : « J'ai cumulé tous les mandats : députée de Paris, députée européenne, conseiller régional, adjointe au maire de Paris, membre de bureau du RPR, etc. Donc, fait du prince, protégée, accumu-

1. Simone Veil, ancienne ministre des Affaires sociales chargée des droits des femmes, ministre d'État du gouvernement Balladur (1993) ; Michèle Barzach, ancienne ministre de la Santé dans le gouvernement Chirac (1986) ; Édith Cresson, ancienne Premier ministre, membre de la Commission européenne.

lation de mandats et certainement de frustrations... dans un environnement très masculin... »

Pour l'anecdote, elle précise avoir été nommée ministre de la Santé quelques jours après la formation du gouvernement et la publication de la liste des ministres. Un « oubli », dit-elle... On n'avait ni ministre de la Santé ni ministre du Commerce et de l'Artisanat. Ce qui n'empêcha pas Philippe Séguin, ministre des Affaires sociales, de se présenter à la presse comme ministre de la Santé et des Droits des femmes. « Et puis, patatras, je suis arrivée. Cela a été un drame... »

Michèle Barzach, tout en élégance et émotivité, séduit autant par son allure que par sa voix. Une voix qui se casse de temps en temps, qui dérape et se remet aussitôt dans son registre, plutôt grave. Elle s'exprime avec précision – une précision de médecin, avec quelques emprunts au vocabulaire psychanalytique.

Intelligente et volontariste, certes. Je n'arrive pas à savoir si son expérience l'a vraiment affectée ou si, au contraire, le rejet de la politique lui permet de jouir d'une autre part de liberté. Quand elle évoque sa « fin de parcours », on la sent encore meurtrie, frémissante : « J'ai subi l'expression du retour du refoulé... [une phase] extrêmement agressive et tenace... »

Comme on sent frémir Édith Cresson, quand elle évoque ces scènes et ces propos dont nous fûmes quelques-uns et surtout quelques-unes à être indigné(e)s. « J'ai été l'objet d'un véritable lynchage de la part des hommes politiques et des médias. »

ROSELYNE BACHELOT : « Gisèle Halimi a dit, tout à l'heure, que vous étiez, en quelque sorte, l'exemple type des mésaventures des femmes en politique. Est-ce que vous pouvez nous dire en quelques mots, à moins que vous ne le souhaitiez pas, un petit peu votre appréciation rétrospective sur votre expérience personnelle ? Avez-vous vraiment été victime d'un lynchage dû à votre qualité de femme, ou est-ce que la raison était ailleurs ? »

ÉDITH CRESSON : « ... J'ai eu des fonctions très dures : ministre de l'Industrie en pleine période de la sidérurgie, de Creusot-Loire ; ministre du Commerce extérieur avec 93 milliards de déficit. J'ai eu, en tant que ministre des Affaires européennes, à négocier le fameux accord avec les Japonais pour empêcher les importations massives ; grâce à cela, on a pu sauver certainement beaucoup d'emplois. Il n'y a que Fiat qui m'a remerciée et personne d'autre.

« J'ai quitté le gouvernement parce que j'en avais assez. J'ai fondé une société de conseil qui marchait très bien et qui continue d'ailleurs de fonctionner.

« Lorsque le président de la République m'a demandé d'être Premier ministre, je lui ai dit : "Ce sera terrible, ils seront tous contre."

« Je le savais très bien. Ce que je mesurais peut-être moins bien, c'est d'abord l'extraordinaire efficacité du système qui est en place pour détruire quelqu'un, grâce aux médias, aux journalistes, etc. Aussi, je peux dire : l'extraordinaire haine.

« ... Le jour où j'ai été nommée, je suis rentrée chez moi à 11 heures du soir ; mon mari était devant la télévision. Il y avait là toutes nos têtes pensantes : M. Colombani, Alain Minc, enfin tous ceux qui nous disent ce qu'il faut penser, et qui trouvaient que c'était une catastrophe.

« Je n'avais pas encore fait quoi que ce soit, mais c'était déjà une catastrophe. On a interrogé les Français ; 70 % ont dit que c'était bien qu'une femme soit Premier ministre. Qu'on les interroge pour savoir, cela m'a extrêmement choquée, car on ne les interroge pas si c'est un homme qui est nommé Premier ministre.

« Là, on a posé la question malgré le fait que cette femme a le droit de vote, a rempli des fonctions, est une élue. Elle s'entend dire par M. d'Aubert : "Voilà la Pompadour." Ce n'est vraiment pas l'idée que je me faisais de la France. Je peux dire que j'ai découvert cet aspect de la société française avec stupeur et consternation.

« J'ai découvert cette classe, cette caste, incluant les socialistes naturellement, capable des propos les plus abominables.

« ... Quand je sortais de ma voiture, les gens qui avaient des caméras de télévision étaient couchés sur le trottoir pour filmer mes jambes. J'ai appris à m'asseoir et à sortir de la voiture d'une certaine façon. Mais on prend un certain temps pour ça.

« Ils ont découvert aussi que ma voix n'était pas bien, c'est-à-dire que ce n'était pas une voix d'homme... J'avais une voix qui était aiguë, soi-disant. Je n'ai pas une voix extraordinairement aiguë, mais il est vrai que l'Assemblée nationale, vous avez pu en faire l'expérience, est un endroit difficile pour parler.

« D'abord parce que vous avez devant vous une meute hurlante qui crie des choses du genre : "Qu'est-ce qu'elle a sous sa robe ?" Je l'ai entendu, je ne l'invente pas. Comme Michèle Barzach : quand elle a quitté le RPR, on lui a dit qu'elle avait un beau cul quand elle pleurait. Bon, je vous dis ça parce que, après tout, il faut que vous l'entendiez.

« Mes électeurs de Chatellerault, qui n'est quand même pas un endroit d'un progressisme formidable, me font confiance parce que j'ai réglé des problèmes. C'est mon troisième mandat de maire et je viens d'être élue avec 60 % des voix. Les gens sont contents, ils ont vu que [le travail] était suivi, qu'ils peuvent faire confiance...

« Mais, c'est dur de se trouver devant une espèce de cour de récréation de garnements déchaînés et, quelquefois après le déjeuner, on peut dire dans un état un petit peu avancé, je n'oserais pas dire éméchés, et se défoulant de cette façon-là...

« Ils donnent de la représentation populaire une image catastrophique parce que ça, c'est télévisé le mercredi.

« J'ai vu dans les magazines, y compris de gauche, des photos de moi. On filmait, par exemple, mes mains. A ce moment-là, je portais une bague qu'une amie, qui est morte, m'avait donnée, et que j'aimais beaucoup. J'ai retiré cette bague. Je porte à mon cou une petite chaîne avec mon nom que mon mari m'a donnée. Quelqu'un m'a dit qu'il fallait la retirer.

« J'ai dit que c'était mon mari qui me l'avait donnée, pourquoi la retirer ?

« Je ne suis pas un homme, je pourrais venir avec une cravate naturellement à la place de cette chaîne, mais nous sommes visées non pas sur ce que nous faisons mais sur ce que nous sommes, sur l'apparence.

« ... Les émissions du *Bébête Show* m'ont présentée à la fois comme une pute et une conne étant arrivée par des moyens détournés, ne comprenant rien, ne connaissant rien. Le public finit par se dire qu'il doit y avoir quelque chose de vrai dans cette présentation. »

Pendant toute cette confession de femme à femmes (ce jour-là, il me semble bien que « nos » deux hommes, le philosophe Henri Hude et le professeur Philippe-Jean Parquet, étaient absents), Édith Cresson s'est tenue bien droite. Elle a parlé d'une voix égale, presque neutre. On sent qu'elle a dû apprendre à la poser. Je me demande où sont passées ses fossettes. Roselyne m'assure qu'elle n'en avait pas... Je dois lui en avoir attribué. Je la trouvais, je la trouve jolie, avec je ne sais quoi de particulièrement juvénile. La bouche, sans doute, ou son nez presque retroussé.

Elle a pris de l'assurance, pensai-je. Membre de la Commission européenne, le recul apparaît géographique autant que psychologique. Édith parle d'elle comme d'un dossier de Bruxelles. Peut-être même avec plus d'objectivité. Elle à Matignon, c'est le passé. L'Europe, c'est le présent et même l'avenir.

Et puis on cicatrise, sans oublier.
Et puis on en tire les leçons. Et on se bat pour la parité...

Simone Veil, elle, paraît radieuse, intacte. Qui oserait la toucher ? Tout en affirmant : « Pour ce qui concerne l'accès des femmes à des postes de responsabilité, quel que soit le domaine, les choses sont difficiles », elle reconnaît volontiers avoir eu le privilège de n'avoir souffert d'aucun problème de carrière dans sa vie politique. « On est venu me chercher... », dit-elle avec un joli sourire, qui se reflète, je ne sais comment, dans la lumière bleue de ses yeux.

J'ai beaucoup d'amitié pour elle. Sans doute nos choix politiques nous séparent-ils quelquefois. Mais je l'ai toujours sentie – même si ses charges lui interdisaient de l'exprimer publiquement – proche des femmes et hérissée par l'injustice. Je l'ai connue, je l'ai dit[2], pendant la guerre d'Algérie, où, fonctionnaire au ministère de la Justice, elle aida le comité « Pour Djamila Boupacha » à faire transférer à Fresnes la jeune Algérienne menacée de mort dans sa prison d'Alger.

Nous déjeunons ou dînons, de temps en temps, ensemble. Et toujours, me semble-t-il, avec le même plaisir complice.

Je devais sourire en l'écoutant. Je pensais à mon père et à ma mère qui l'aimaient beaucoup, sans encore la connaître. Juive et pro-israélienne, elle représentait, dans son maintien, son élégance, son chignon, tout ce dont ils avaient rêvé pour moi. « Ah ! me disait ma mère, regarde comme elle est distinguée [suprême compliment venant d'elle et de notre milieu], comme elle parle... posément... » « Oui, précisait mon père, nostalgique, elle ne se révolte pas, au moins. Toi, il faut toujours que tu protestes, que tu cries... » A quelques mois de sa mort, pour la cérémonie de remise de la Légion d'honneur par Jacques Chirac, alors Premier ministre, Édouard, mon

2. *Le Lait de l'oranger*, *op. cit.*

père, le gaulliste résistant, avait souhaité la présence de Simone Veil. Cela se passait dans mon appartement, mon père était déjà très malade. Elle était là, proche, la médaille à la main. Avec simplicité, avec émotion, je crois, elle embrassa mon père après son discours et lui dit : « Vous avez été magnifique... Nous avons tous les larmes aux yeux... »

Michèle Barzach, Édith Cresson, Jack Lang, ce dernier à l'avant-garde des changements de société, se prononcent clairement pour la parité institutionnalisée. Elle doit être inscrite dans la Constitution « ...comme un principe de valeur constitutionnelle », précise notre ancien ministre de la Culture, en professeur de droit public qu'il est aussi.

Simone Veil, quant à elle, préfère le système des quotas « ...qui, dans un premier temps, seront plus faciles ».

11

Comment les femmes politiques sont (mal) traitées par les médias

Questions préalables : Les femmes politiques sont-elles solidaires entre elles et des autres femmes ? Agissent-elles pour faire reconnaître, dans les médias, une image positive des femmes au pouvoir ? Donnent-elles envie, selon la phrase de Virginie Barre [1], aux petites filles qui les regardent ou les entendent, de dire : « Moi, quand je serai grande, je serai ministre » ?

En d'autres termes, les femmes politiques ont-elles conscience qu'elles devraient représenter un enjeu en terme d'identification, dessiner un modèle positif pour les jeunes générations ?

La condamnation est sans appel. A l'unanimité, selon les responsables des médias que nous avons auditionnés (Jean-Pierre Elkabbach [2], Jean-François Kahn [3], Christine Ockrent [4], Michèle Cotta [5]), les femmes politiques transmettent mal le

1. Présidente de l'Association des femmes journalistes.
2. Écrivain, journaliste, ancien PDG de France-Télévision.
3. Écrivain, journaliste.
4. Journaliste.
5. Journaliste, ancienne présidente de la Haute Autorité (Audiovisuel) et de Radio-France.

message de l'égalité parce qu'elles n'y sont pas totalement engagées. « Entre celles qui sont trop contentes d'être acceptées parmi les hommes, celles qui ne veulent pas se faire remarquer en tant que femmes et celles qui ne se préoccupent pas de jouer ce rôle de modèle pour les autres femmes... », note Virginie Barre, le combat paritaire, s'il ne reposait que sur elles, serait mal parti.

Il est juste de relever que les femmes ayant occupé des responsabilités politiques et s'étant aujourd'hui (enfin) engagées dans ce combat ont fait preuve de la plus extrême discrétion quand elles étaient au pouvoir. Quelle femme ministre, à part celles dont c'étaient les attributions – les ministres aux Droits des femmes... (et encore faudrait-il préciser que leurs initiatives n'ont pu voir le jour qu'avec la bénédiction des « chefs » supérieurs, les hommes qui nous gouvernaient) – quelle femme ministre en exercice, donc, a pris officiellement position pour la parité ? Simone Veil avait quitté le gouvernement quand elle signa un manifeste en ce sens à Athènes, en 1992. Sitôt revenue aux affaires en 1993 comme ministre d'État (Édouard Balladur étant Premier ministre), elle a opté, en douceur, pour un quota, proposé d'ailleurs par E. Balladur pendant la campagne des présidentielles. Et Édith Cresson ? Frédérique Bredin ? Catherine Tasca ? Catherine Lalumière ? Monique Pelletier ? Toutes anciennes ministres, de gauche et de droite.

Je n'évoque pas, volontairement, les noms de deux anciennes ministres, déléguée ou secrétaire d'État aux Droits des femmes (Yvette Roudy et Véronique Neiertz) dont, je l'ai dit, les fonctions se confondaient avec l'objectif de parfaite égalité entre les sexes.

Trouve-t-on dans leurs déclarations de ministres ou de Premier ministre une prise de position claire, concrète (modification de la Constitution, démarche volontariste du Parlement) en faveur d'une égalité politique des femmes ? Non.

Cela diminue-t-il le mérite qui fut le leur de signer ensemble un manifeste pour la parité (10 juin 1996) ? En aucune manière, évidemment.

Mais la remarque, qui recoupe les enquêtes et les réflexions des grands journalistes auditionnés à l'Observatoire, devait être faite.

Les femmes présentes ce jour-là à l'Observatoire furent particulièrement affectées d'entendre affirmer : « Il faut que les femmes leaders d'opinion n'aient pas une attitude de trahison [car] elles n'aident pas, dans les médias, à promouvoir les autres femmes » (Jean-Pierre Elkabbach).

Qu'en est-il des faiseurs d'opinions dans le journalisme politique ? Virginie Barre donne des chiffres : 36 % des 30 000 journalistes sont des femmes ; elles sont jeunes, et ce que l'on note comme une évolution ascendante relève plus dans ce domaine d'une féminisation que de féminisme. Quelle femme journaliste pourrait-on citer comme façonneuse de pensée ? Quelle directrice ou éditorialiste qui fasse l'opinion ? Il y eut, rappelle J.-F. Kahn, Geneviève Tabouis... une exception à rapprocher de Sémiramis, générale d'armée. Mais aujourd'hui, qui ?

Est-ce cette position peu dominante des femmes dans le journalisme qui explique que « le journalisme politique traditionnel est machiste... [que] les femmes s'exposent plus que les hommes quand elles sont au pouvoir », selon Christine Ockrent ?

Les événements à couvrir ne semblent pas présenter un intérêt particulier lorsqu'il s'agit des femmes. Ainsi, le journal *Le Monde* a assumé les frais d'un envoyé spécial pour la Coupe de rugby en Afrique du Sud, mais a refusé de le faire pour la Conférence mondiale des femmes à Pékin, en septembre 1995.

Les femmes politiques, sauf événement exceptionnel, n'apparaissent pas dans les médias d'une manière organisée, concertée. C'est parce que, dit Christine Ockrent, elles ne disposent pas de réseaux qui favorisent la fabrication d'image ou de réputation.

« Que sont donc ces réseaux ? avons-nous demandé, Roselyne et moi, presque en même temps.

– Tout ce qui est horizontal, transversal, qui passe à travers des bastions, des murailles et qui permet que des gens se cooptent... une sorte d'osmose entre le pouvoir politique et d'autres pouvoirs... », nous explique-t-on.

Entre le politique et certains domaines, les réseaux créent nominations, promotions... Dans les médias, « ce sont des systèmes bien connus d'entraides et de compliments... Il ne faut pas nécessairement y voir des complots. Mais à la fois échanges de services, solidarités protégées. Et des renvois d'ascenseurs... ». Christine Ockrent devait ressentir quelque fierté devant l'intérêt que ses propos suscitaient.

Nous apercevions clairement les blocages d'une société médiatique, de ses accès « réguliers », et nous comprenions en même temps l'énorme handicap que le système des réseaux représentait pour les femmes. Car les femmes politiques en bénéficient rarement. Sans doute cela fit-il cruellement défaut à Édith Cresson quand elle fut Premier ministre. Ou, pire, ces réseaux ont joué contre elle. Au point, affirme J.-F. Kahn, qu'« a été organisé, je parle de quelque chose que je connais, que je sais, un lynchage le lendemain de sa nomination par cinq journalistes hommes réunis dans un café... ».

Ainsi, rapporte-t-il : « Quand elle a été nommée Premier ministre, M. Aubert a parlé de madame Pompadour. Quand elle a fait son discours à l'Assemblée nationale, qui était extrêmement mauvais mais pas plus mauvais que celui de Chaban-Delmas ou que d'autres ou même celui de Balladur, dont on a dit qu'il était génial, on a parlé du fait qu'elle avait une voix de nez. Je vous signale que c'était la première fois que l'on parlait de la voix, du nez, de la gorge d'un orateur à la tribune. Troisièmement, on s'est demandé avec qui elle couchait. On s'est mis à lui poser, chaque fois qu'on l'interviewait, des questions sur le sexe. Jamais on ne pose ce genre de questions à Chirac ou à Balladur. Et cela a été admis, accepté. »

Édith Cresson explique en partie son lynchage méthodique d'une manière plus classique, disons plus humaine. Elle n'a pas courtisé les puissants des médias, ni les autres. Ils se sont sentis humiliés par cette manière de les tenir à leur place. Ils se sont vengés.

« Je ne fais pas partie des politiques qui déjeunent, dînent et partent en vacances avec des journalistes », nous a-t-elle précisé sur le ton – qui nous a conquis dès ses premiers mots – de celle qui se raconte à des ami(e)s. Le ton serein de celle qui se sait comprise. « Donc, je n'avais pas travaillé avec les journalistes. Or, effectivement, nous sommes à une époque où la nouvelle génération, avant de se faire élire, passe à la télé et voit, jour après jour, les journalistes de son camp d'abord, puis éventuellement les autres. Cette espèce de connivence, je n'en ai pas voulu. Je connais certains de mes prédécesseurs qui ont associé les journalistes aux décisions, c'est-à-dire qu'ils leur font croire qu'ils ont une influence. Les journalistes sont des gens qui aiment la politique, que la politique intéresse, mais qui ne sont pas des élus et donc ne sont jamais sanctionnés. C'est le seul pouvoir absolu. Ils mettent leur grain de sel et ils ont l'impression de participer à la décision. Je n'ai jamais pratiqué comme ça, parce que je considère qu'il y a un équilibre des pouvoirs qui doit exister.

« Il y a le pouvoir exécutif, le pouvoir législatif et un soi-disant contre-pouvoir qui est, en fait, le pouvoir absolu, celui des médias. Mais ces médias ne peuvent agir que manipulés par ceux qui sont mécontents, pour des raisons diverses, de ce que vous faites. Ils peuvent être mécontents pour des raisons réelles, on peut ne pas plaire à tout le monde, c'est évident. On peut ne pas être du même avis, on peut accepter le débat. Mais il y a ceux qui racontent, inventent des histoires.

« ... Cette façon de faire n'est pas celle d'un pays démocratique, c'est pour ça que je dis que ce problème des femmes dépasse très largement le problème des femmes. Je pense que Matignon est probablement le poste de la République où on a le plus de possibilités de découvrir la nature humaine, plus qu'à l'Élysée, car personne ne peut prendre la place du président parce qu'il est là, installé pour sept ans ; donc les gens, sauf vers la fin, se tiennent à peu près. »

Quant au message paritaire, nos grands témoins le trouvèrent, à l'unanimité, mauvais et « invisible », précise Virginie Barre : « Dans des rédactions, dès que les mots "femme" ou "égalité des sexes" sont prononcés, tout le monde prend l'air de s'ennuyer terriblement... »

Le message manque de clarté. Il y a absence de force. Les femmes politiques, ils y insistent, ne s'engageant pas avec une détermination implacable.

Nous nous sommes promis d'être de meilleures communicantes (et non pas seulement informatrices), de convaincre nos leaders femmes que le temps de la solidarité est arrivé, qu'il exige d'elles plus d'altruisme envers leurs « compagnes » et la société, que l'égocentrisme féminin met en péril l'égalité avec les hommes et l'équilibre des institutions.

Ne doivent-elles pas, pour la plupart d'entre elles, aux militantes féministes de base leur position de pouvoir ?

Faut-il le révéler ? Nos témoins masculins – J.-P. Elkabbach, J.-F. Kahn – m'ont semblé plus fortement engagés dans le combat pour la parité que certaines de leurs illustres consœurs.

Conclusion de ce chapitre qui apporte la preuve d'un des handicaps, et non des moindres, de notre marche : femmes arrivées au pouvoir, femmes peu solidaires. Hélas !

12

Qui a peur de la parité ?

Les pires ennemis de la parité ne se recrutent pas, tant s'en faut, chez les juristes. Les scrupules des constitutionnalistes expliquent en général leur réserve. Sur le fond, choqués par la scandaleuse éviction des femmes de la décision politique, ils seraient plutôt en quête de solutions, de remèdes.

Et ils ne tentent pas d'échapper à la question posée : Que faire d'une Constitution qui se dit universaliste et qui a permis – *via* le Conseil constitutionnel – de bloquer toute nouvelle législation ?

Le tir de barrage le plus redoutable est le fait :

1) de femmes,

2) de femmes intelligentes et notoires,

3) de femmes qui se proclament féministes et qui sont, en général, considérées comme telles.

Pourquoi cette peur ? J'ai même envie d'écrire pour certaines : pourquoi cette rage ? (Je dois l'avoir déjà écrit, d'ailleurs...). Le « dit » est connu, sinon rabâché. C'est l'universalisme tabou et, disent ces mauvais augures – s'il était mieux défini, en y comptant nommément les deux moitiés du ciel –, la certitude de sombrer dans les dérives apocalyptiques du communautarisme. Or, outre que toute modification de la Constitution n'engendre pas forcément l'apocalypse, l'impossibilité – en fait, en raison et en droit – d'aboutir à un engrenage aussi fatal a été magistralement démontrée par d'autres que moi. Je n'y reviendrai donc pas.

Ce qui étonne du côté de ces croisées de l'universalisme abstrait, c'est leur volonté de proposer un stock de remèdes de bonnes femmes contre le mal absolu de l'inégalité. Ce qui réjouit, disons-le vite, c'est que cette attitude ne peut être dictée que par leur mauvaise conscience. Et que donc tous les espoirs de voir ces « sœurs » réintégrer nos rangs paritaristes sont permis.

Mais la mauvaise conscience, née du sentiment, même vague, qu'on se fourvoie, n'éclaire en général que des pistes fragiles, incomplètes ou contradictoires. Les suggestions sont de l'ordre du pansement analgésique sur la plaie, non pour cicatriser ou guérir définitivement, mais pour « accompagner » le véritable traitement – dont on ne veut pas.

D'où le terme de « mesures d'accompagnement » que nous avions choisi dans notre rapport pour certaines d'entre elles. Celles que, justement, les conservateurs universalistes autoriseraient.

Elles veulent bien d'un quota dans les partis. J'ai même entendu une philosophe proposer de l'« imposer », alors que la Constitution, on le sait, ne le permet pas (article 4). Supposons donc que, sans l'exiger, puisque nous n'en avons pas les moyens, nous le demandions instamment ; supposons même que nos vœux soient exaucés. Et après ? Toutes les difficultés et toutes les incertitudes commenceront. D'abord, quel quota ? 30 % est le chiffre admis comme seuil de changement. Et de quel ordre pour les scrutins de liste ? La liste conduite par Simone Veil aux Européennes de 1979, par exemple, ne permit pas, nous a-t-elle dit, aux femmes d'être élues en nombre, à cause de leur place en fin de liste. On sait que cette douce manie de torpiller de telles mesures est un fait assez courant dans les partis.

Le quota, arbitraire, flottant, laissé à la discrétion des partis, peut dépendre d'un certain opportunisme politique : ce qui sera bon pour une échéance électorale peut être oublié à l'échéance suivante. Ô partis, de combien d'engagements non tenus la société a-t-elle souffert ! Surtout les femmes.

Il me semble, enfin, qu'il y a une certaine immoralité à prêcher pour les partis ce que l'on interdit à l'ensemble des citoyens. Les juridictions britanniques, négatives mais cohérentes, s'y refusent.

A moins que nos conseillères n'optent pour une telle mesure qu'à cause de sa précarité fondamentale. L'exemple scandinave – que j'ai déjà évoqué – répond, en effet, à d'autres rapports de force et à une tradition politique différente de la nôtre.

Variété de « pansement » offert : le non-cumul des mandats électifs et exécutifs. Excellente mesure – je l'ai d'ailleurs vivement recommandée, en son temps, au gouvernement –, mais, encore une fois, il ne s'agit pour moi que de panser en même temps que l'on administrerait le remède. Condition *sine qua non*. Mesure d'accompagnement qui perd tout son sens si elle est seule. Pourquoi ? Parce que cette mesure, en soi positive pour modifier les mœurs politiques et pour laisser, à partir d'un certain âge ou d'une certaine dose d'accaparement des mandats publics, la place à d'autres est sans rapport direct avec l'entrée des femmes dans la vie politique. Laisser la place à d'autres, ai-je dit ; mais puisque – universalisme à tout crin oblige – il reste interdit de mentionner que ces « autres » seront des femmes, où est l'avancée ? De jeunes hommes, portés par le militantisme ou leurs longues dents, se pressent aux portillons. Cette mesure les favorise, d'évidence. Et, alors qu'ils ne voient aucune nécessité de partager le pouvoir avec les femmes, ils applaudissent au non-cumul : voilà de la place laissée par des hommes pour des hommes.

Résumons-nous. Les féministes muées en croisées de la lutte contre la parité observent une double attitude :

– d'une part, opposition résolue à toute modification de la Constitution qui y inclurait l'existence des deux sexes. Rappelons tout de même que notre Droit reconnaît formellement cette différence des sexes et interdit toute discrimination entre femmes et hommes ; alors que, par exemple, tout en proscrivant la discrimination raciale, il refuse la légitimité même de la notion de race ;

– d'autre part, elles proposent, sans grande rigueur, quelques mesures, telles que non-cumul ou quotas dans les partis.

Permettez : vous vous emmêlez les principes. Et voilà une contradiction de fond que je tiens à relever.

En effet, l'universalisme idéal, c'est, je le répète, la théorie pour laquelle il n'y a qu'un citoyen : indifférencié (couleur, race, sexe). Les hommes et les femmes sont ***identiques***. Et il importe peu qu'il y ait 100 % d'hommes ou 100 % de femmes à l'Assemblée nationale puisque, par définition, ils sont citoyens et interchangeables. Que les femmes soient, en réalité, exclues n'est pas plaisant pour elles, mais cela ne change rien à l'équation universaliste telle qu'elle est, ici, posée : la démocratie est achevée dans sa neutralité citoyenne. Un homme = une femme, et inversement, et ils se remplacent mutuellement.

Alors pourquoi cette agitation pour tenter – cautère sur jambe de bois, certes, mais proposition quand même – de faire élire davantage de femmes ? Au nom de quel principe ? Et à quoi bon, puisque la différence sexuelle est tout simplement niée ?

Je suggère que cette incohérence de raisonnement est due, là encore, à une (sympathique) mauvaise conscience ; à une sorte de compassion pour les femmes exclues, et, dans le non-dit, à un désir de ne pas se couper complètement des compagnes paritaristes.

Je vous le disais : une féministe qui veut à la fois ne rien changer dans le principe et envoyer plus de femmes au Parlement ne peut pas tout à fait être perdue pour nous...

Ce sont aussi des féministes – et non des moindres[1] – qui accusent le camp de la parité d'opérer une régression vers l'essentialisme.

Qu'est-ce que l'essentialisme ? C'est la théorie qui, partant de l'existence de différences biologiques entre les individus (ici entre la femme et l'homme, la différence sexuelle), en déduit des statuts différents pour chacun – et pour les femmes, en général, un statut d'infériorisation.

Ainsi la différence irait à l'encontre de l'égalité et aurait permis, dans l'Histoire, de construire les privilèges de sexe, de race.

L'objection, sérieuse en soi, naît, me semble-t-il, d'une confusion entre la différence biologique (le sexe) et le genre (la division sexuée de la société en classes). Cela s'appelle aussi le « sexe social » (Christine Delphy), noyau dur du patriarcat. La volonté d'effacer l'identité féminine de chacune d'entre nous, pour espérer, en l'état de notre société, la fondre dans l'universel est, nous le savons aujourd'hui, vouée à l'échec. L'universel est avant tout masculin. Je l'ai dit et écrit. Je revendique – avec une certaine fierté d'ailleurs – le fait d'être une femme. Il me semble que, comme souvent pour une collectivité discriminée, la créativité, l'invention, le courage ne nous font pas défaut. D'une certaine manière, je crois que l'avenir est plus riche de changements et d'espérance pour les femmes que pour les hommes.

Mais je refuse de verser dans l'essentialisme. La différence sexuelle nous constitue et constitue le monde. Certes, elle nous a valu jusque-là de « devenir femmes », c'est-à-dire

1. Élisabeth Badinter, Éleni Varikas, Évelyne Pisier et quelques autres.

d'être conditionnées, refoulées, exclues, assignées à résidence (dans le privé), dotées de qualités « féminines » et privées d'autres, « masculines » ; bref, d'être des sous-citoyennes dans le meilleur des mondes universalistes. L'admirable « on ne naît pas femme, on le devient » de Simone de Beauvoir en est le raccourci.

Mais c'est justement en comptant avec le réel de notre conditionnement, et ses traces millénaires sur notre comportement, que notre « spécificité » intégrera une autre vision au projet collectif.

Nous reconstituons ainsi l'universel par l'apport des deux moitiés de l'humanité, c'est-à-dire en donnant à l'universalité un fondement concret.

J'ajoute, pour être bien comprise : il faut en finir avec la coquetterie de l'abstraction. Tant d'injustices ont été commises en son nom ! En finir avec le « il n'y a pas de différence sexuelle », ou, en tout cas, on ne doit pas le faire valoir : restons dans le non-dit. Nous allons de ce fait contre la vie elle-même et ses règles indépassables.

Il faut, avant même tout raisonnement ou législation, affirmer : il y a dans le monde des individus dont la différence biologique fait les femmes et les hommes. C'est le seul clivage de l'humanité.

Renversons les facteurs.

Commençons par poser que la différence sexuelle nous traverse. Qu'elle ne saurait être gommée. Au contraire.

Affirmons donc que les droits universels ne sauraient être refusés à des individus à l'identité sexuelle déterminée. Et qu'à ces hommes et à ces femmes, sujets différents de droits universels, doivent être accordés les droits reconnus au citoyen en général. Ainsi serait barrée, avant tout autre développement sur l'universalisme, la route à l'exclusion. Il faut *dire* d'abord ce que nous sommes, *femmes et hommes dans le genre humain*, pour en déduire que le genre humain ainsi sexuellement différencié constitue bien la totalité des sujets différents et égaux, de droits universels.

Il va de soi enfin que chaque femme, comme chaque homme, représente le peuple et l'intérêt commun, et non les intérêts particuliers de chaque sexe, comme certains nous accusent de le vouloir.

Ainsi coïncideraient, dans notre culture et notre vision du bien commun en politique, la reconnaissance d'une humanité sexuée et la réalisation d'un universel égalitaire.

13

« Entre le fort et le faible... » ou (brève) défense du volontarisme

Les constitutionnalistes opposés à la parité font valoir un certain nombre d'objections importantes en leur principe.

Et, d'abord, une atteinte à la liberté de l'électeur : « Et s'il me plaît à moi de ne voter que pour des hommes ou que pour des femmes ? »

La réponse est qu'il n'y a de liberté que dans le choix. Or, on l'a vu, les partis politiques se sont révélés dans leur pratique comme de véritables machines d'exclusion des femmes. Si elles ne sont pas candidates (avec quelque chance, donc avec l'appui des partis politiques « qui concourent à l'expression du suffrage »), comment voter pour elles ?

Autre argument avancé : atteinte au principe d'égalité entre « les hommes » (article 3 de la Constitution).

Le professeur Olivier Duhamel accepta sans difficulté mon invitation à témoigner devant l'Observatoire. Je lui trouvai un physique de jeune premier tourmenté. Physique qui traduisait bien, selon moi, à la fois sa volonté d'aller de l'avant (« l'instauration de la parité politique obligatoire apporterait des bénéfices sociaux pour la communauté dans son ensemble »), sa profonde sincérité dans le constat d'échec de l'égalité entre citoyens et citoyennes (« certes, pendant un siècle et demi…, les “Hommes” n’étaient que les hommes, pas l’ensemble des êtres humains, les femmes restèrent exclues de la citoyenneté ») et son attachement indéfectible à la théorie universaliste (« l’instauration de la parité politique obligatoire serait pourtant contraire aux principes fondateurs de la démocratie constitutionnelle »).

Mais après avoir exprimé sa peur des dérives communautaristes (« la brèche serait ouverte pour que demain les jeunes… les Noirs, les beurs, les juifs, etc., demandent leur juste part… »), Olivier Duhamel choisit l’indépendance et l’originalité. Un jugement de Salomon ? Écoutons-le : « Il faut, dit-il avec un certain courage, des transitions et exceptions comme solution de la contradiction » pour satisfaire l’impérieuse obligation d’atteindre une égalité réelle « qui vient conforter la démocratie ».

Malgré ses réticences pour toute modification de la Constitution, il lui fallait concilier justice et droit. Du moins comme une expérience nécessaire. Il proposa donc, après une première période de mise en garde des responsables politiques, une « entorse exceptionnelle, provisoire et qualifiée comme telle », qui autoriserait « la mise en place d’un droit politique dérogatoire pour une deuxième période de transition : la décennie paritaire ».

Ce même jour, un autre grand professeur de droit public, le doyen Louis Favoreu, se déclara – je l’ai dit –, sensiblement pour les mêmes raisons, adversaire de toute modification de la Constitution en vue de la parité. Mais, très clairement, il répondit : quotas ou parité, rien n’est possible sans modification de la Constitution. Il précisa, ce qui valait son pesant d’or constitutionnel : « passer des quotas à la parité [fait que] le problème change de nature ». Observation indispensable, s’il en est.

Le quota relève, en effet, d’un pouvoir en place – masculin

– qui concède une part du sien. La parité, elle, procède du principe d'égalité des droits entre les sexes et de son application ; ce qui, fait remarquer astucieusement Blandine Kriegel[1], est un *droit individuel fondamental*, c'est-à-dire un *droit de l'homme*. La philosophie paritaire tire donc sa force de racines spécifiques.

Avec une courtoisie, qui donna au dialogue de l'Observatoire avec lui un ton particulier, le doyen Favoreu suggéra le « ticket ». Dans chaque circonscription, deux candidats : une femme, un homme. D'uninominal, le scrutin deviendrait binominal. Inconvénient majeur : une multiplication par deux du nombre de circonscriptions.

En passant, et pour bétonner son opposition à la démarche paritaire, le doyen s'appuya sur une décision de la Cour constitutionnelle italienne[2] et une autre de la Cour européenne[3]. Cette jurisprudence marque incontestablement un *back-lash* ou retour de bâton contre la marche vers l'égalité politique des femmes, mais il semble peu probable qu'elle ne soit pas, dans l'avenir, démentie.

En fait et en résumé, la peur de la parité ressentie par ces éminents spécialistes tient en une autre peur : celle d'« ouvrir la porte à une évolution vers le droit à la différence dont la reconnaissance aurait des effets dévastateurs ». Ainsi parla le doyen Louis Favoreu. Ou « que le corps électoral soit divisé en deux sections correspondant chacune à un sexe ». Ainsi parla le doyen Georges Vedel.

Reste à trancher la nature de cette différence sexuelle, coupant en deux moitiés l'humanité, unique, et ses définitions possibles en droit.

1. Professeur de philosophie à l'université de Paris. *Rapport public du Conseil d'État, 1996*, Paris, La Documentation française.

2. 12 septembre 1995, sentence n° 422.

3. Arrêt Kalanke c/ Land de Brême, Cour de justice européenne, 17 octobre 1996.

Et à retenir, tout de même, que le « bloc constitutionnaliste » se retrouve divisé. Outre la « décennie paritaire » d'Olivier Duhamel – une notable exception aux principes allégués –, le professeur Guy Carcassonne fut d'une double radicalité : attachement aux principes de l'unité et de l'indivisibilité du peuple, d'une part, et affirmation que ces principes n'étaient en rien transgressés par celui de la parité « *puisqu'il s'agit de catégories universelles, quantitativement égales, parfaitement objectives et limitées à deux...* ». Il incluait ainsi, pour atteindre concrètement l'égalité des sexes de manière volontariste, la parité dans la Constitution.

Guy Carcassonne, lorsqu'il se présenta devant l'Observatoire, n'avait pas changé : grand, bouclé, regard clair, ouvert, grande aisance dans l'expression, aussi jeune et avenant qu'une douzaine d'années auparavant.

En 1981, il était attaché parlementaire et conseiller juridique du groupe socialiste. Bien que celui-ci ne m'apportât aucun soutien logistique dans mon travail, mes propositions de lois ou mes rapports de députée, j'entretenais avec Carcassonne une assez bonne relation. De plus, nous étions des juristes ne répugnant pas, tous deux, à dépoussiérer le droit pour coller aux mutations de notre société. J'avais donc pour lui une certaine sympathie. C'est avec lui que j'avais envisagé, après l'annulation de l'amendement dit « du quota » en 1982, de reprendre une initiative. Notre idée était simple : faire voter de nouveau l'amendement. En faire une loi à part, hors de portée du grand censeur, le Conseil constitutionnel. Le groupe socialiste, majoritaire absolu à lui tout seul, présenterait le texte censuré. Le consensus ayant déjà prévalu, quelle formation politique prendrait la responsabilité, devant les électrices, d'en demander l'annulation ? Mais Guy Carcassonne et moi-même échouâmes sur le refus définitif de l'« adjudant », Joxe, président musclé du groupe socialiste.

A son arrivée à l'Observatoire, nous évoquâmes avec un plaisir de collégiens cette aventure partagée, et à ma question sur la crainte, exprimée par certains de ses collègues, d'un engrenage communautariste, il répondit sans hésiter : « Il ne s'agit en aucun cas de mettre le doigt dans quelque engrenage que ce soit. A ceux qui opposent qu'entrer dans cette logique serait fatalement devoir la poursuivre vers une force communautariste, je réponds que les éléments donnés précédemment fournissent des réponses suffisantes et convaincantes. »

Il repartit gaiement, de sa démarche de sportif, après avoir séparé pour nous le bon grain de l'ivraie.

Le professeur Francine Demichel, à son tour, expliqua pourquoi et comment la parité devait faire partie de notre droit. De la manière la plus simple qui soit, s'agissant de l'« organisation des pouvoirs publics ». Donc il fallait un référendum pour consulter directement le peuple. Ainsi, « le Conseil constitutionnel ne dit plus rien, il ne contrôle pas le contenu... », alors que « faire passer [la loi] par les deux Assemblées... [où il] risque d'y avoir des débats houleux..., il n'est pas évident qu'elle soit adoptée... ».

Francine Demichel, je l'avais lue [4] et côtoyée avec plaisir ; celui pour une féministe de rencontrer une intelligence et une technique – le droit public – mises par une femme au service des autres femmes. L'entendre nous conforta dans une idée (encore) neuve en France : l'égalité politique est bien, dans notre démocratie, un droit pour les femmes. Seule recherche : le moyen juridique de l'établir concrètement.

La décision du Conseil constitutionnel du 18 novembre 1982 ne laisse guère le choix. A ceux qui hésiteraient sur

4. Article « A parts égales : contribution au débat sur la parité », in *Recueil Dalloz-Sirey*, n° 12, 21 mars 1996.

l'exigence d'une démarche volontariste, l'annulation d'une loi instaurant un pourcentage maximum « de candidats du même sexe » le démontre. Puisque cette interprétation erronée, mais souveraine, de notre Constitution, barre la route à toute mesure légale imposant une participation des femmes minimale (quotas) ou égalitaire (parité) aux élections de notre pays, force est de modifier la Constitution.

Par une sorte de mauvaise foi (inconsciente ou volontaire), les adversaires de la parité réagissent à ce projet comme à une atteinte à un tabou ou, pire, à la forme républicaine de nos institutions. « Modifier la Constitution, mais c'est un acte grave ! » Les yeux au ciel et la voix annonçant le drame, ils se désignent comme les ultimes remparts contre cette sorte de... coup d'État ! Pour la plupart, Français à la mémoire courte, ils ont déjà oublié que, comme parlementaires ou citoyens, et sous des formes diverses, ils ont permis quelques transformations de la Constitution, et cela en moins de quatre ans !

Soyons plus précises. Entre le 25 juin 1992 et le 22 février 1996, la Constitution aura été modifiée à cinq reprises, chacune d'elles comportant un bouquet de changements (traité de Maastricht ; statut de la magistrature et responsabilité pénale des ministres ; droit d'asile et intégration des accords de Schengen ; session parlementaire unique, champ d'application du référendum ; et enfin compétence du Parlement en matière de financement de la Sécurité sociale). Modifications sans doute fondées, on le voit, et que nul ne conteste.

Mais qui soutiendra que permettre par la loi l'avènement d'une participation réellement égalitaire des femmes aux assemblées élues ne serait pas une réforme fondamentale pour la démocratie ? La Constitution, rappelons-le, n'est que l'expression, l'« outil » de la volonté populaire. Quelles que soient les procédures pratiquées, le peuple ratifie, rejette, complète, modifie une constitution. Si tabou il devait y avoir, il volerait en éclats par la volonté du référendum populaire.

Ainsi parle souverainement la République.

Alors pourquoi ces réticences, mesdames et messieurs les démocrates ?

Modifier quoi ? Et comment ?

Selon que l'on opte pour le quota ou pour la parité, l'amendement serait évidemment différent. Contrairement à ce que l'on pourrait croire, inclure le principe d'un pourcentage dans la Constitution serait plus hasardeux que d'y inscrire franchement, radicalement, le principe de la parité.

La parité ne serait alors que la définition du moyen de l'égalité politique entre les sexes.

Les rédactions peuvent être multiples.

Je puis en proposer l'esprit : « L'accès égal des femmes et des hommes aux mandats politiques est assuré par la parité. »

L'article 3 de la Constitution stipule bien que « sont électeurs, dans des conditions déterminées par la loi, tous les nationaux français majeurs des deux sexes, jouissant de leurs droits civils et politiques... ».

Mais nous savons à quel accablant constat a abouti, dans la réalité, cette égalité proclamée mais non accompagnée du mode d'emploi.

Il serait judicieux d'abord de dire, bien que l'on ait plaidé que cela allait de soi, que l'égalité mentionnée s'applique aux électeurs et aux ***élus***. Donc introduire le mot. Ainsi, cet alinéa commencerait par « Sont électeurs et ***éligibles***... » et serait suivi d'un autre qui mentionnerait simplement les équations suivantes : égalité = parité ; parité = représentation égale en nombre de citoyennes et de citoyens.

A partir de ces données de fond, la formulation serait libre.

A nos savants constitutionnalistes de faire preuve d'imagination.

Et je vous dirais, chemin faisant et relectures aidant, que l'article 1er de la Constitution, qui « assure l'égalité devant la loi de tous les citoyens », s'est contenté de la définir, cette égalité, comme devant être « sans distinction d'origine, de race ou de religion », sans aucune allusion aux hommes et aux femmes. Et la distinction sexiste alors ?

Pourquoi j'en parle ici ? Pour suggérer que la modification de la Constitution pour la parité (article 3) « nettoie » au passage cette bavure ou répare cet oubli, et que notre article 1er intègre l'égalité citoyenne « sans distinction d'origine, ***de sexe***, de race ou de religion ».

Ces amendements peuvent paraître anodins ou tatillons. Ils permettraient tout simplement l'avènement d'un changement démocratique par l'égalité.

14

Un référendum pour les femmes

Il reste à fixer la procédure de modification de la Constitution[1].

Il est clair que la plus directe, la plus démocratique, la plus conforme à l'esprit de nos institutions qui rappellent que « la souveraineté nationale appartient au peuple » est celle de la consultation directe des Français et des Françaises.

Un peuple qui n'attend que ça et qui brûle d'y répondre... positivement ! Toutes les enquêtes d'opinions et les sondages récents sur la plus grande participation des femmes à la vie publique ont établi la faveur grandissante de l'opinion publique ***pour la parité***. Très majoritairement, elle se prononce pour une égalité réelle des femmes et des hommes en politique. Elle y voit comme un catalyseur, l'instrument pour réaliser l'égalité femmes/hommes en général dans la société. Et elle approuve toutes les mesures concrètes qui permettraient de la favoriser : non-cumul des mandats, quotas ou, plus massivement, modification de la Constitution pour y inscrire, en son principe, la parité.

Dans le dernier sondage connu (novembre 1996), une écra-

1. Voir annexe n° 3 : « Les procédures et l'avis des grands constitutionnalistes sur la modification de la Constitution. »

sante majorité de Français et de Françaises (86 %), à parts égales, a approuvé l'instauration de la parité dans la vie politique[2].

Mais nos grands constitutionnalistes, que nous suggèrent-ils ? Deux voies possibles : un référendum direct ou la consultation du Parlement et du Congrès.

Lors de leur audition par l'Observatoire, les spécialistes du droit constitutionnel s'étaient surtout attachés au fond du débat : oui ou non à la parité, quelles leçons tirer de l'annulation du « quota » par le Conseil constitutionnel pour lequel – et quoi de plus normal – la plupart d'entre eux nourrissaient à la fois admiration et crainte révérencielle. Exagérerais-je si je vous disais que, par moments et selon nos interlocuteurs, nous eûmes l'impression qu'au-dessus de la Bible il y avait la jurisprudence du Conseil ?

Quoi de plus normal, en effet, quand le « témoin » qui s'y réfère n'est autre que le doyen Georges Vedel ? Après avoir été un membre influent dudit aréopage, il mena la réflexion d'un Comité consultatif pour la révision de la Constitution, à la demande de François Mitterrand, président de la République. Dans son avis, longuement motivé, du 15 février 1993, ce Comité propose une analyse des institutions et une série de modifications d'envergure. Notamment, une relecture et une nouvelle approche des procédures et de la meilleure manière de s'en servir. Et cela intéresse la parité…

Son intelligence, sa compétence rigoureuse et sa force de conviction ont fait du doyen Georges Vedel, pour toutes les majorités politiques, la référence indispensable. Difficile d'évoquer une quelconque réforme des institutions sans l'avoir consulté.

2. Voir annexe n° 4 : « Les sondages sur la participation des femmes à la vie publique. »

Depuis près de vingt ans, je le lis, l'écoute et l'admire. Il m'a toujours manifesté quelque sympathie et, avec une assez grande générosité, me recevait chez lui pour un conseil ou une réponse à mes lettres. La vigueur de son esprit et sa passion pour défendre ses points de vue, son style direct et sans fioritures m'ont toujours donné l'impression de discuter avec un quadragénaire dans la force de l'âge, responsable, au premier chef, des lendemains de notre République.

Quand je lui téléphonai pour lui demander de venir éclairer l'Observatoire, il m'opposa un refus net et bourru : manque de temps, manque d'affinité surtout pour le projet paritaire. « Vous n'avez pas intérêt à ce que je vienne. Je suis tout à fait opposé à vos points de vue, que je connais bien… Je suis désolé de vous dire non… Chère madame, n'insistez pas… » J'insistai : quel que soit son point de vue, nous tenions à l'entendre, c'était un préalable à nos travaux. « Monsieur le doyen, ne nous lâchez pas comme ça. Venez débattre avec nous, même contre nous, et le jour de votre convenance… » Il m'interrompit d'une manière qu'il voulut définitive : « Chère madame, j'ai mon agenda sous les yeux. Je suis pris jusqu'au 28 février. Et je pars le lendemain, 1er mars, à l'étranger pour une série de colloques… » J'avais aussi mon agenda sous les yeux. « Et le 29 février, monsieur le doyen ? Il nous reste le 29 février. – Comment ça, le 29 février, mais le mois de février n'a que vingt-huit jours ! – Pas cette année… Vous voyez, la parité a la baraka… Nous avons un 29 février pour vous recevoir… » D'abord interloqué par l'irruption de cette année bissextile dans son temps, il finit par faire contre mauvaise fortune bon cœur : « Tiens… puisqu'il y a ce jour de plus, c'est entendu, soupira-t-il. A jeudi 29. – A 15 heures, à l'Assemblée nationale, monsieur le doyen, je vous attendrai à l'entrée. »

Beau joueur, beau parleur, il nous tint ce jour-là sous le charme de sa démonstration… antiparitaire !

« Vous allez diviser le peuple français en catégories, en deux sections, les femmes et les hommes… C'est un défi à la démocratie et aux droits de l'homme. Le Conseil constitutionnel a, dans sa sagesse, annulé l'"amendement Halimi", qui tentait d'instaurer un quota… Sa décision est plus que jamais actuelle… »

Assis à la petite table que nous avions fait installer dans le deuxième bureau de l'Assemblée nationale, droit et ferme, il ne voulait pas s'en laisser conter. Roselyne et moi-même tentions d'infléchir sa position. Rien n'y fit. Entêtement raisonné dans les principes, puissance indéniable d'argumentation. Il ne s'agissait nullement de misogynie de sa part mais de la certitude inébranlable que toute mesure « positive » en faveur des femmes mettrait en danger l'indivisibilité du peuple français.

Dans le feu du débat de fond, comme avec les autres constitutionnalistes d'ailleurs, les questions de procédure furent à peine abordées. Il m'était difficile, de plus, d'interpeller le doyen Vedel ou le doyen Favoreu – tous deux opposants déterminés à la moindre réforme instaurant quota ou parité – sur le meilleur moyen de l'établir. Cela revenait à leur dire, en substance : « Nous vous avons entendu. Vous êtes contre la parité. Dont acte. Mais dites-nous quand même comment modifier la Constitution, et s'il faut le faire ? »

Je trouvais plus commode pour moi, et plus rigoureux pour la rédaction de mon rapport, d'adresser à mes cinq grands juristes un questionnaire écrit portant six questions clefs, plutôt d'application technique.

A la troisième question, où j'évoquais les deux hypothèses, quota ou parité, la réponse du doyen Georges Vedel siffla comme un coup de fouet : « Je ne suis pas obligé de choisir entre la peste et le choléra. » La lettre d'envoi jointe aux réponses était à l'image même de son auteur. Elle réitérait avec une grande sévérité, d'une manière succincte mais péremptoire, son refus absolu d'admettre l'hypothèse paritaire. Mais, en même temps, le doyen ajoutait, avec une extrême gentillesse : « Je suis tout à fait désolé de heurter personnellement vos convictions et votre action. Ceci n'empêche pas, vous le savez, tout mon respect et toute ma sympathie » et il m'assurait de ses « hommages très sympathiques... et désolés ».

Sur la procédure, il répondit avec hardiesse et originalité : « Cette question [référendum ou consultation du Parlement ?] me pose un problème de conscience, car ma réponse de citoyen et ma réponse de juriste sont à l'opposé l'une de l'autre. Comme citoyen je souhaite que la procédure que subirait le projet de révision donne le moins de chance possible à son succès. »

Dans cette perspective, il choisirait l'épreuve la plus difficile : un vote identique des deux Assemblées, suivi d'un congrès de ces mêmes Assemblées.

En effet, on demanderait à deux reprises au Parlement (90 % d'hommes) de voter l'exclusion des hommes. Et pourquoi ? Pour laisser place aux femmes ! Imaginez l'enthousiasme des élus masculins... Je répète ce que j'ai souvent dit : autant exiger d'eux qu'ils se fassent hara-kiri.

Mais comme juriste, ajoutait-il, il se prononcerait pour un référendum tel que l'avait fait le général de Gaulle à deux reprises. En quelques phrases, il démolit implacablement le réquisitoire élevé contre cette pratique.

En conclusion, le doyen Vedel m'assurait qu'il combattrait tout système de parité ou de quotas pour les élections législatives. Mais qu'il était prêt à aider « à une participation plus large... et égalitaire des femmes à la vie politique ». « Je le ferai, écrivait-il, au service de l'égalité et aussi parce que je pense que cette participation améliorerait notre système institutionnel. »

Le doyen Favoreu manifesta, quant au fond, la même opposition que le doyen Vedel. Ni parité, ni quotas. En réponse à mon questionnaire sur la procédure de modification, il fut aussi bref que précis. Et, cette fois, d'avis absolument contraire à celui de son collègue. Pas de référendum direct ; consulter les assemblées dans tous les cas.

Cet éminent juriste misait-il sur l'héroïsme des hommes élus et leur sens démocratique hors du commun pour donner sa chance à la parité ou se prononçait-il, dans l'abstrait, pour le mode d'emploi général des modifications constitutionnelles ? Difficile à dire.

Dans la jeune génération, le professeur Olivier Duhamel refusa – très courtoisement – de me répondre : « Pardonnez-moi, m'écrivit-il, de ne pas prolonger ma contribution au débat sur la parité par une réponse à votre questionnaire, mais le temps me manque trop… »

Les professeurs Guy Carcassonne et Francine Demichel, quant à eux, allèrent résolument de l'avant.

Rejet de la voie parlementaire qui « laisserait fort peu de chances d'atteindre l'objectif » pour G. Carcassonne. Le précédent créé par de Gaulle est, selon lui, « utilisable » pour peu qu'il se trouve un président de la République prêt à en prendre l'initiative.

Justement. Les femmes en cherchent un, répondant à cette description…

Le professeur Francine Demichel, seule constitutionnaliste à parler à la fois de sa technique et des femmes, rappelle, dans sa réponse, qu'elle ne croit pas qu'une modification de la Constitution soit indispensable pour établir la parité. En effet, souligne-t-elle, la Constitution ne contient aucune mesure qui s'oppose à la parité, d'une part, et, d'autre part, les règles d'éligibilité peuvent être prises par des lois. Un référendum direct posant la question de la parité lui paraît suffisant.

Sa critique de la décision d'annulation du Conseil constitutionnel rejoint parfaitement celle du professeur Danièle Loschak. Pour elle, le Conseil constitutionnel s'est fondé « sur une conception complètement dépassée de la représentation publique ».

Peut-on de manière plus sereine qualifier ces juges de ringards et de misogynes entêtés ?

Allait-on pour autant se colleter avec eux, qui mettaient un point d'honneur à se faire nos censeurs récalcitrants ?

Si des lois refaisaient ce que le Conseil avait défait, d'inévitables recours – ou une autosaisine bien ficelée – produiraient de nouvelles annulations. Mêmes causes, mêmes effets, tant le temps laisse intactes certaines jurisprudences répressives. En revanche, en élevant la parité au rang de principe constitutionnel, nous censurions à l'avance toute censure. Conseil constitutionnel prié de s'incliner. Volonté populaire a tranché. Parade impossible.

Dans l'hypothèse que nous privilégions – appel direct au peuple –, les acteurs essentiels sont le président de la République et son Premier ministre.

Il faut donc un parfait accord entre eux. Accord qui, dans la Cinquième République, ne posait pas problème jusqu'en 1981, les deux étant issus de la même majorité.

Mais que faire si le couple au sommet devient un couple infernal ? Si, en termes de partage de pouvoirs, il devient hybride, car issu de deux majorités différentes ? Autrement dit : que faire en cas de cohabitation, situation maintenant connue à trois reprises par les Français et, semble-t-il, prisée par eux ?

Et en cas de conflits potentiels ?

La règle demeure. Mais elle ne peut s'appliquer que si, sur le fond et sur le choix de la procédure référendaire, le président de la République et son Premier ministre vont d'un même pas.

En est-il ainsi aujourd'hui ?

Jacques Chirac, durant sa campagne présidentielle de 1995, avait formellement opté pour la parité, rejetant toute approche des quotas : « Est-ce à dire qu'il faut rester dans le *statu quo*, en espérant que la misogynie politique reculera d'elle-même ? Bien sûr que non. Il faut se fixer des objectifs clairs en matière de représentation des femmes. Pour moi, ce ne peut être que la parité… [C'est] vraiment une question de société qui mériterait un débat national » (7 avril 1995).

Le 14 juillet 1997, dans son entretien avec les journalistes, le président de la République a approuvé – « parce qu'il faut faire quelque chose » – le projet de Lionel Jospin, Premier ministre cohabitant, de modifier la Constitution. « Je reconnais que la France a, dans ce domaine, un retard inacceptable, et d'ailleurs très préjudiciable… Alors, si rien ne peut être fait sans passer par une indication constitutionnelle, je dois dire que je me ferai à cette idée… », a-t-il précisé.

Le référendum peut donc permettre d'amender la Constitution, si la réponse est favorable.

Le principe de la parité entrerait ainsi par la grande porte. J'avoue que je ne trouverais pas déplaisants ces honneurs et cette solennité – les femmes ont tellement attendu cette égalité de base (devenir réellement citoyennes dans une démocratie) –, et le coup d'envoi serait enfin donné, par le fait même de la mixité, à une dynamique démocratique qui en changerait le fonctionnement.

Et n'oubliez pas le symbole, la force du symbole… L'autre moitié des citoyens – les femmes – enfin existante, audible, présente…

15

Cause des femmes ou cause des peuples ?

Vous avez bien lu : dans le système de la parité, chaque femme (comme chaque homme) représente le peuple tout entier et l'intérêt commun. Contrairement à certaines insinuations, il ne s'agit en rien de représenter des intérêts particuliers, voire catégoriels ou corporatistes. Qu'on se le tienne pour dit.

Mais alors, quel chambardement que cette nouvelle démocratie à visage réellement humain, c'est-à-dire masculin ***et*** féminin !

D'abord, nous voilà réalisant, pour la première fois, un pluralisme élémentaire, premier, un système de décision politique où femmes et hommes disposeront, à parts égales, du même pouvoir.

Démocratie inachevée sans les femmes, la démocratie paritaire, enrichie de la totalité des apports de chaque sexe, devrait tendre vers l'idéal, à la fois philosophique et concret. Et aussitôt resurgit la question, la même, comme une hydre à cent têtes : les femmes sont-elles des citoyennes « autres » que les citoyens, et leur rapport à la politique est-il le même que celui des hommes ?

Leur parcage dans le privé, l'exclusion du politique qui les frappa pendant des siècles, la division de la société patriarcale (le genre), bref, le fait que l'on ait contraint les femmes à le devenir, femmes, ont forcément engendré quelques différences dans leur approche de la vie publique, vous ne croyez pas ?

Encore que, selon les politologues Janine Mossuz Lavau et Mariette Sineau, dont les enquêtes sur les femmes en politique ont beaucoup contribué à nous éclairer, les femmes comme citoyennes sont aussi empressées que les hommes à manifester leurs opinions. Ainsi ne s'abstiennent-elles pas davantage lors des scrutins et sont-elles présentes, comme leurs compagnons, dans les bureaux de vote. Si elles ne votent pas, précise Janine Mossuz Lavau, c'est qu'elles entendent accomplir ainsi un geste-sanction.

Pour autant « globalisent »-elles la politique de la même manière que les hommes ? Il semble que non. « Elles ont une idée plus pacifiée de la politique. Elles disent que, s'il y avait plus de femmes, il y aurait plus de discussions et moins de guerres. » Il est vrai que la politique reste une affaire de rapports de force, ce qui demeure assez étranger à la « culture féminine ».

D'une manière générale, les femmes s'intéressent moins aux questions internationales, et plus au nucléaire et à l'environnement. Encore faut-il préciser qu'entre l'intérêt porté à la construction de l'Europe par les Français, d'une part, et par les Françaises, d'autre part, la différence tend à s'effacer.

Pourquoi le nucléaire, l'environnement ? Parce qu'« elles sont très attachées à la vie », constate Janine Mossuz Lavau. « On veut laisser à nos enfants une terre sur laquelle la vie demeure », disent-elles.

Quand elles entrent en politique, leur comportement est-il différent ? Radicalement, dit Michèle Barzach. Et, de ce fait, elles dérangent « par leur pragmatisme, par leur rapport à l'efficacité, au temps… [par le fait] qu'elles ont des difficultés à le taire et que c'est un facteur perturbant qui, petit à petit, les amène à ne plus être convoquées [à] des instances et [à] des réunions... ». Donc, écartées.

Tous nos grands témoins – il faut le souligner –, qu'ils fussent pour ou contre le changement paritaire, ont insisté sur cette approche différente par les femmes du monde public.

Simone Veil : « Je pense qu'aujourd'hui, dans une société confrontée à des mutations très rapides qui concernent beaucoup la vie quotidienne des gens, les femmes ont une expérience personnelle qui fait que ces problèmes seraient mieux appréhendés et répondraient beaucoup mieux aux besoins réels des gens. »

Enrichie, pluraliste, sur la voie de l'achèvement, la démocratie paritaire me paraît, quant à moi, justifiée par une double exigence : exigence de justice et exigence de bien commun.

Un faux universalisme a exclu, en fait, les femmes de l'égalité qu'il proclamait. Elles doivent, en tant que femmes, y être réintégrées. Réintégration qui se doit d'être institutionnalisée.

Cela, c'est une mesure de justice.

C'est d'ailleurs ce que semble dire le professeur Olivier Duhamel, qui cite Dworkin dans sa définition d'une situation meilleure : « [situation] qui peut se trouver dans un meilleur état au sens ***idéal***, c'est-à-dire parce qu'elle est plus ***juste***, ou de quelque autre façon plus proche d'une société idéale, que le bien-être moyen se soit amélioré ou non ».

O. Duhamel pense que « l'instauration de la parité politique obligatoire apporterait des bénéfices sociaux pour la communauté dans son ensemble ». Et il s'en est ainsi expliqué : « Elle serait positive pour les femmes, qui accéderaient désormais aux responsabilités politiques dans les mêmes proportions que les hommes. Elle serait positive pour les hommes qui ne seraient plus coupables de confiscation sexiste du pouvoir. Elle serait positive pour l'ensemble des citoyens qui bénéficieraient d'une plus grande variété de talents, sensibilités et compétences. »

Et sur l'argument de la justice, cet universaliste, convaincu que la parité contreviendrait aux principes de la démocratie, a l'objectivité de reconnaître : « Il [l'argument idéal] se justifie plus aisément encore. Le rapprochement entre l'égalité formelle et l'égalité réelle vient évidemment conforter la démocratie. »

En général, et avec une petite moue de circonstance, il se trouve toujours un objecteur (ou une « objecteure ») à la parité qui, acculé(e) par le plaidoyer pour ce changement, se raccroche au sempiternel : « En admettant acquis ce que vous dites, la parité, c'est une démocratie meilleure ? Ça va améliorer la politique et ses solutions ? Et en quoi, s'il vous plaît ? »

Nous voici sommé(e)s de prouver que la parité est infaillible, qu'elle tiendra des promesses qu'elle n'a pas faites, qu'elle fera de la démocratie le paradis des citoyens, etc. En d'autres termes, on nous impose une obligation de résultat. Ce qui ne fut jamais le cas, souvenez-vous, des systèmes politiques à décision presque exclusivement masculine – sinon, il y a longtemps qu'ils eussent tous, les responsables, été congédiés. Et pour toujours ; pas seulement lors des alternances électorales.

Or, la révolution – tranquille – que nous voulons n'est pas entreprise pour changer la politique dans son bilan (encore que cela soit éminemment souhaitable, et probable, mais j'y reviendrai). La démocratie paritaire se caractérise par une juste représentation, je l'ai dit. Ce système où, selon le mot de Luce Irigaray, chacun devient « souverainement soi-même », où les débats et les décisions sont la responsabilité des femmes et des hommes, puisque tel est notre genre humain, double.

Elle a pour elle, notre parité, la justice. Les deux moitiés de la population construisent l'avenir. Il est ainsi mis fin à l'effacement d'une moitié (les femmes) au bénéfice hégémonique de l'autre (les hommes) ; mis fin à cette mutilation absurde, immense et anachronique du corps politique.

Cela devrait suffire pour affirmer qu'elle est meilleure.

Mais nous avons dit, écrit, comment l'apport des femmes enrichira la nouvelle démocratie. Déjà le choix des femmes élues s'exercerait plus largement (288 ou 289 au lieu d'une soixantaine). Il permettrait un recrutement de plus grande qualité : la compétence, le savoir-faire, la force des motivations y trouveraient davantage leur compte.

Jusqu'à présent, les partis présentent quelques (rares) femmes sélectionnées sur des critères suspects. Forgés dans l'intérêt de l'hégémonie masculine, ils veillent à ce qu'une telle « intrusion » ne la trouble en rien : critères aussi arbitraires que contestables.

Quelles sont, en effet, les femmes que les décideurs politiques acceptent de promouvoir ? Sûrement pas les contestataires du système masculin, de la hiérarchie pyramidale qui les a faits princes, bien sûr. Des résignées à l'exclusion de leurs sœurs ? Plutôt des candidates qui, pour le devenir, ont donné des gages d'un certain suivisme, d'un conformisme aux rites des partis. Disons la chose et le mot : des candidates que la misogynie ne choque pas outre mesure, et dont, finalement, elles font leur profit. Des militantes qui jouent le jeu. Le jeu qui consiste à se laisser modeler (ou à jouer à) par les chefs, et à donner aux petits Pygmalions politiciens des raisons d'exister. Pour la bonne conscience, ces élues des hommes (certaines d'entre elles) se contentent, de temps à autre, d'une ruade, d'un coup de gueule qu'elles qualifient de « féministe ». Le tout soigneusement calibré, espacé, mesuré. Et surtout à usage interne.

A cet usage-là, tout est permis, puisque rien ne prête à

conséquence pour le système lui-même. Et elles s'acoquinent aussi, ces téméraires, par le biais d'associations, de manifestes ou d'échanges suivis, avec celles qui se font entendre à l'extérieur. Les féministes venues d'ailleurs : délices de la transgression en même temps que de l'impunité. A ce point, ces foucades servent la réputation des partis sans mettre en danger leur ligne masculine : « Voyez nos militantes, elles se battent pour les femmes ; l'autre jour elles s'étaient mises à deux pour réclamer un quota, un débat sur la parité... Dans notre parti, les femmes peuvent parler, s'opposer... »

Certes. Mais jusqu'à un certain point seulement. Qu'elles ne mettent pas en péril les us et coutumes des partis tels qu'ils fonctionnent depuis le siècle dernier.

Il va de soi que les excitées qui, non contentes de se prétendre féministes (ce que l'on supporte aujourd'hui très bien, ça fait mode et moderne, ça ne tire pas vraiment à conséquence, ça entretient la conversation, etc.), exigeraient que leurs revendications soient celles de leurs partis, en priorité, sont impitoyablement écartées. Ou marginalisées. J'en ai fait l'expérience moi-même. Députée à l'Assemblée nationale et apparentée au groupe socialiste alors qu'il jouissait d'une majorité absolue, toutes les propositions que j'ai déposées pour les femmes[1] ont jauni dans les cartons. Celles qui paraissaient nécessaires, faute de quoi on prenait le risque de manifestations et d'un mécontentement actif, le gouvernement les récupérait pour s'en prétendre l'auteur – et en toucher les dividendes. C'est la règle – déloyale – du jeu. Ainsi en fut-il de la proposition pour le remboursement de l'IVG par la Sécurité sociale que je déposai sous ma seule signature. Elle devint un projet de loi et fut – heureusement – votée. Tant mieux. Dans ce cas, je dis que la récupération s'appelle la

1. Notamment en faveur du congé parental, du nom des enfants légitimes, etc.

victoire. Mais une victoire due essentiellement aux féministes qui ont agi librement hors des partis.

Si ces *happy few* propulsées par le bon plaisir des partis devenaient, par la force de la Constitution et de la loi, la moitié du corps des élus, tout, je crois, changerait. Sécurisées par une représentation aussi ample que celle de leurs collègues masculins, leur comportement serait différent. Forcément différent. Plus besoin de plaire, d'obéir, ni même de se taire. On peut sanctionner l'infraction féministe de quelques-unes, on ne peut pas mettre au pas la moitié des élus. Cette moitié n'aurait plus à singer les hommes, à taire en elles leur langage, leurs mots, leurs personnalités. Elles s'exprimeraient elles-mêmes et non par mots d'ordre masculins interposés. Soi-même par soi-même.

Ne pensez-vous pas que la politique y gagnerait ? Et d'abord cette autonomie et ce sang neuf qui lui font cruellement défaut, en France et dans presque toute l'Europe ?

Qu'il peut ainsi naître une autre approche, une manière différente d'établir la hiérarchie des problèmes et l'articulation de leurs données ?

L'égalité des sexes, directement à l'origine de la réflexion et de l'action politiques, implique une dynamique aux effets multiples. Je dis que du changement quantitatif – compte tenu de ses « ingrédients » – viendra le changement qualitatif.

Certaines – dont je suis, je l'avoue – avancent aussi un argument rejeté avec mépris par les féministes opposées à la parité : l'échec dans le monde des politiques, jusqu'ici, masculines.

La terre, bleue comme une orange, comme l'écrivait Éluard ? Ou plutôt rouge du sang des génocides depuis la « Shoah » jusqu'au Rwanda, en passant par la Bosnie ? Ou la terre à l'ozone troué et rare, mutilée dans ses composantes vitales ? Après le sommet international de Rio sur l'avenir de notre planète, celui de Denver (USA) en juin 1997, les chefs d'État

– tous des hommes ? – se sont séparés, mission non accomplie. Rien ne fut décidé contre l'effet de serre (les trusts internationaux, unis, avaient protesté très efficacement), rien contre les blessures de l'ozone, rien contre la pollution. Constat d'échec absolu.

Un environnement laissé à la discrétion, à la destruction, d'une industrialisation effrénée, aux pouvoirs des « lobbies » et de leurs profits. Un monde affamé où 75 % de ses habitants vivent dans un état de pauvreté absolue (les femmes sont, évidemment, les plus frappées), alors que la fortune de 358 milliardaires (en dollars) est supérieure au revenu de la moitié des populations de la planète. En même temps que, dans cette même planète, les droits de la personne humaine se réduisent, comme peau de chagrin, à leur plus simple expression.

Difficile de faire pire, ne croyez-vous pas ?

Je reconnais la pauvreté de l'argument, le caractère désespéré de son approche. Mais ne faut-il pas aussi convaincre de l'absence de risques de la démarche paritaire ? Pour le moins, bien sûr. Et laisser espérer que, dans le creuset d'une réelle mixité, une sorte de contre-politique de la politique actuelle se fera jour ?

Je ne prétends pas que toutes les solutions contre des catastrophes imminentes eussent été trouvées par une assemblée de femmes et d'hommes. Je répète simplement ce que j'ai déjà dit : dans la sorte de contre-culture politique où les femmes se sont réfugiées, expulsées de celle des hommes, les données, les problématiques, les tentatives de réponse et peut-être les solutions auraient toutes les chances d'être autres. Et – qui sait – d'aboutir. Les femmes n'ont-elles pas un certain goût de la vie sur une terre qui la favorise ?

Je sais. Toutes ces hypothèses et cette mosaïque de probabilités débouchent sur un pari. Mais je me demande où en est la tare si l'enjeu est une autre démocratie, plus juste et exprimant dans ses débats, dans ses décisions, la dualité du genre humain ? Je comprends mal que certaines femmes, doctes philosophes ou éminentes sociologues, se gaussent (alors que leurs collègues hommes, pour la plupart, semblent troublés) du propos. N'est-ce pas l'honneur des avocat(e)s de la parité de tout écrire, de tout tenter, pour convaincre que la démocratie d'exclusion des citoyennes ne peut être notre démocratie, celle du pays de la Révolution et des Droits de l'Homme ? Que les citoyens des deux sexes seront les citoyens à part entière ?

Et si, de plus, ce pari apportait, outre les certitudes déjà énoncées, celle, par un « choc en retour », de changer des mentalités jusque-là statiques, du moins dans les groupements politiques ? Imaginez un « 20 heures » sur TF1 ou France 2. Imaginez qu'à l'occasion d'un débat à l'Assemblée nationale, le reportage nous donne à voir un hémicycle où autant de femmes que d'hommes écoutent, montent à la tribune, expriment le pays dans son universalité réelle, faite de femmes et d'hommes. Imaginez les ministres, femmes et hommes, en nombre égal ou presque, répondant aux questions au gouvernement, dans leurs domaines respectifs, à responsabilité égale pour le pays. Imaginez la fin télévisée, radiodiffusée, de ce que les hommes se sont, durant des siècles, approprié comme rôles dominants, et que les femmes conditionnées, résignées ont intériorisé. Leur propre infériorisation. C'est comme ça, leur a-t-on dit. C'est comme ça, se sont-elles dit.

Imaginez la petite fille disant tout naturellement à ses parents : « Moi, plus tard, je ferai comme la dame, je ferai députée », tandis que son jeune frère, peu convaincu, penserait à d'autres carrières, puisque le monde les leur ouvrirait à tous deux de la même manière... Image ravageuse pour les cultures conservatrices. L'interchangeabilité – au niveau de la décision politique – fait son entrée ; et modifie le regard, le comportement, l'espérance même des citoyens et citoyennes.

Et ce changement accompagne et renforce l'exigence de cette égalité.

La force multiple de la parité vient aussi de sa symbolique. Les femmes, où étaient-elles, en politique ? Pas vues, pas entendues. Et voilà, brusquement, que la parité rend visible la grande moitié de ce peuple citoyen. Qu'elles existent, les citoyennes, et qu'elles parlent et qu'elles agissent comme ceux qui ont toujours parlé et agi seuls, les hommes ; mais à leur côté. L'égalité en marche devient partie de l'imaginaire de tous. *Exit* le mythe de l'impuissance politique des femmes, de leur non-être dans la décision.

Le symbolique, recréé, médiatisé, fera, dans sa complexité, partie du réel. Il me vient aussi à l'esprit que le réel sans les femmes ou contre les femmes, dans l'Histoire, a coïncidé avec les périodes – ou les prémices – sombres pour nos libertés.

N'avez-vous pas remarqué que chaque fois que les libertés des femmes sont réprimées, celles de tous sont en danger ? Que la démocratie qui commence à être écornée côté féminin va vite sombrer côté universel ? Je ne sais plus qui écrivait « le fouet pour les femmes, c'est le knout pour les peuples ».

Rappelez-vous la montée du nazisme, les 3 K [2] imposés aux femmes renvoyées dans leur foyer. Rappelez-vous que le Code pénal nazi, en 1943, introduisit la peine de mort pour avortement, c'est-à-dire contre la liberté des femmes de donner ou non la vie. Et que peu après et pour ne pas être en reste, le Code pénal pétainiste fit de même.

La primauté donnée aux lois religieuses – de toutes les religions monothéistes – sur les lois civiles frappe d'abord, et de plein fouet, les femmes. La transgression par elles des interprétations du Coran selon les fous de Dieu peuvent leur valoir aujourd'hui la peine de mort. Une Algérienne qui fume, se

2. *Kirche, Küche, Kindern* = Église, cuisine, enfants.

maquille, sort sans voile au bras de son amant est, à plus ou moins court terme, condamnée. Ce qui ne l'empêche pas, en héroïne « continue » depuis la guerre d'indépendance, de prendre la tête des cortèges contre le terrorisme. Le pays bascule dans la violence des intégristes et de l'État. La guerre civile s'installe, les libertés ne sont plus à l'ordre du jour, le désordre renvoie *sine die* l'espoir de reconstruire la démocratie. Le totalitarisme commence toujours par les femmes. Une mise en jambes pour la mise en cage de tous.

Ce que Stendhal disait a plus que jamais cours : « L'admission des femmes à l'égalité parfaite serait la marque la plus sûre de la civilisation » ; j'ajouterai : ***et des libertés***...

Les pays comme la Suède ou la Norvège ont fait progresser du même pas les droits des femmes (et singulièrement leur représentation politique) et les progrès pour tous.

L'Espagne est l'exemple type : le franquisme avait réduit les libertés des femmes à la portion congrue. Elles furent refoulées dans un état de dépendance totale : économique, sociale et physique, puisque contraception et avortement (comme le divorce) y étaient proscrits. La monarchie démocratique, à petits pas, à pas fermes, libéra la société espagnole de ses carcans, religieux notamment. Les femmes en furent les premières bénéficiaires. Droit de choisir leurs maternités, droit de divorcer, et surtout droit d'être élues et ministres. Gauche et droite ont impulsé le même mouvement libérateur. Et la liberté des femmes devint celle de tout un peuple.

Tout cela est-il hasard, fantasmes, coïncidences ? L'Histoire connaît plutôt les lois de la nécessité. Et elle apporte tous les jours la preuve que la cause des femmes se confond, dans sa dynamique, avec celle des peuples. Et, pour nous, de la République.

16

Ce livre reste ouvert…

11 mars 1997. L'Assemblée nationale connaît ce bruissement particulier des quelques séances en prise directe avec l'opinion publique. Débats de société en général plus que de politique classique, intérieure ou étrangère. Ainsi ceux sur le droit à l'avortement en 1974, sur l'abolition de la peine de mort en 1981. La représentation nationale se fait intimiste, s'introduit dans les dilemmes quotidiens, dans la conscience de chacun. Et chacun veut suivre le parcours jusqu'à la décision.

Le débat, aujourd'hui, sur la place des femmes dans la vie publique, est parfaitement hybride : il s'agit à la fois de reconnaître aux femmes la pleine jouissance dans les faits de l'égalité politique mais, en même temps, de refonder une démocratie, jusque-là, masculine. L'égalité assurée, il restera à concilier vie de femme au travail, au foyer – double, triple journée… – et vie de femme élue. D'où l'urgence d'établir un vrai statut de l'élu(e). Retour à la case départ-société pour mieux prendre son élan vers une autre organisation des pouvoirs publics. On le voit, comme chaque fois que le statut des femmes, dans quelque domaine que ce soit, est en cause, ce sont les racines immergées de l'iceberg (société et nation) qui bougent.

Dans les couloirs, les visages connus des politiques, les

télés, les commentateurs... Le va-et-vient classique des séances où sont attendus le Premier ministre – et sa déclaration – et, espère-t-on, quelques duels de ténors. Le programme, annoncé pour 16 heures, a rempli dès le début de la séance les tribunes du public. Bien en vue dans leurs loges les membres de l'Observatoire, que Roselyne Bachelot saluera dans son intervention. Les huissiers, dont certains (les anciens) m'appellent « madame la ministre » (?), me guident d'emblée vers une des loges réservées aux anciens parlementaires. Placées sur les côtés, malcommodes pour embrasser la vue de l'hémicycle, elles permettent difficilement de suivre les débats, et pas seulement de les entendre. Il y faut quelques télescopages de genoux et un probable torticolis...

Lorsqu'à 16 heures Alain Juppé monte à la tribune pour faire sa « déclaration suivie d'un débat sur cette déclaration », dit le feuilleton des séances (toutes les précautions de vocabulaire sont prises pour signifier que l'Assemblée n'est pas appelée à prendre une décision quelconque), l'hémicycle est modérément plein. On aura le temps d'être plus amers au fur et à mesure que se succéderont les interventions et que l'hémicycle, dans le même temps, sera de plus en plus clairsemé. Au milieu de l'après-midi, il restera une vingtaine de députés seulement, curieux de connaître la sauce constitutionnelle à laquelle l'égalité politique des femmes sera accommodée. « Le constat est sans appel, dit le Premier ministre. C'est celui d'un échec... Notre démocratie est complètement bancale... Elle écarte de sa représentation plus de la moitié des citoyens. » On sent, on devine monter des tribunes de femmes comme un souffle d'approbation. Bon début, certes, et lorsqu'il ajoute au constat que « les femmes expriment une demande de justice et d'équité parce qu'elles se sentent humiliées de la place qui leur est faite en politique », il y a comme une attente unanime, valant presque approbation à l'avance des mesures proposées. (Je me tourne vers ma voisine. « C'est vrai que c'est une question de dignité, aussi, pour une citoyenne », me dit-elle.) « ...Une seule voie reste ouverte : la révision de la Constitution... », poursuit l'orateur. Ça y est... Si je n'étais pas suffisamment avertie (les huissiers mettent impitoyablement dehors tous ceux qui manifestent), j'aurais lâché un « hourra, ça y est » et applaudi à tout rompre. Mais pourquoi cette précision du Premier ministre ? Il exprime, dit-il, « à ce stade, son sentiment personnel ». On sent le dérapage annoncé. Il opte pour des mesures temporaires : dix ans par exemple. Va pour l'essai de la « décennie paritaire ». Si l'équilibre est rétabli de lui-même après cette expérience (ce dont il est permis de douter), pourquoi maintenir des lois et des amendements constitutionnels devenus sans objet ? Mais voilà que nous l'entendons évoquer « les candidatures féminines dans les élections à scrutin de liste qui, seules, peuvent se prêter à une telle logique... ». Le propos devient clair : les élections législatives sont exclues des propositions. J'entends encore parler d'« apprentissage de la vie politique » dont les femmes auraient besoin pour accéder aux mandats nationaux... Non seulement, s'adressant aux députés, il ne propose rien les concernant, elles et eux (la représentation nationale), mais il verrouille en nous propulsant vers les « petits boulots », comme le dit excellemment Frédérique Bredin, députée (PS). Et en humiliant – peut-être involontairement – les femmes qui, à l'inverse des hommes, auraient l'obligation de faire leurs classes dans les scrutins locaux avant de prétendre devenir parlementaires. Le Premier ministre commet ainsi une maladresse et exprime une absurdité. De toute manière, il nous renvoie, pour toute mesure concrète, au vœu qu'il forme qu'« avant l'été... découlent des propositions ».

L'opposition résume, dans la première phrase prononcée par Jean-Pierre Chevènement, le sentiment quasi général : « La montagne accouche d'une souris. » Comme rapporteure de l'Observatoire, Roselyne Bachelot fait en quelques minutes et avec brio la synthèse de nos travaux. Tout au long de son intervention – que j'ai bien relue –, Roselyne se garde bien d'évoquer la distinction (essentielle) faite par Alain Juppé : les mesures éventuelles ne concernent en rien les mandats nationaux. Elle signale seulement que la procédure proposée « laisse la porte ouverte à tout type d'élection ». Mon impression est à l'opposé : le gouvernement vient d'exclure de son propos toute chance de représentation équilibrée entre femmes et hommes au Parlement. A l'exception des communistes, forts de leurs propositions de lois constitutionnelles et ordinaires pour la parité, l'opposition se montre peu constructive. L'opposition fait… de l'opposition. On n'arrive pas, en tout cas, à connaître avec précision son projet paritaire. Y en a-t-il un d'ailleurs ?

Le même jour, Lionel Jospin nous apporte la réponse. Agréable surprise : plus d'hésitation, enfin. Entendu par une commission du Sénat, il opte pour la parité entre femmes et hommes. Et s'engage, au nom de son parti, à procéder, s'il en a le pouvoir, à une révision constitutionnelle.

Je dévale l'escalier qui mène à la bibliothèque, à la recherche de Roselyne. Je la trouve, très entourée, dans la salle des quatre colonnes. « C'est très décevant… Tu savais que Juppé refusait de toucher aux mandats nationaux ? » J'ai dû, sous le coup de l'émotion, parler fort, car les journalistes en quête d'échos s'approchent. « Que veux-tu ? L'essentiel, c'est la modification de la Constitution, non ? » Dans sa réponse, Roselyne semble en service. Je n'insiste pas, puis reviens sur mes pas : « Et le rapport ? Aucun député – sauf ceux qui se sont adressés à mon cabinet – ne l'a eu. Tu avais annoncé à l'Observatoire, jeudi dernier, que tu avais fait tirer 2 000 exemplaires pour être distribués ici… Où sont-ils ?

– Comment, ils ne sont pas distribués ? » Heureusement, Roselyne rougit légèrement et s'en va.

Auparavant, pendant des semaines et des semaines, j'aurais tenté de rendre ***réellement*** public ce rapport sur la parité en politique. Contrairement à la loi qui veut que, sauf désigné comme secret, tout document administratif doit être mis à la disposition des citoyens à leur simple demande, le rapport était frappé d'embargo. Des dizaines de lettres et appels téléphoniques convergeaient vers mon secrétariat pour s'en plaindre et demander la marche à suivre ou, mieux, une copie du rapport. A l'absence de moyens de l'Observatoire s'ajouta la volonté politique de ne pas rendre publiques des conclusions auxquelles le premier parti de la majorité d'alors – le RPR – venait d'opposer son veto. Je me perdis en appels au Service des droits des femmes, qui me renvoya à la ministre, dont le cabinet me renvoya à Matignon. Puisque le rapport devait être évoqué par la déclaration du Premier ministre et dans le débat à l'Assemblée nationale, c'était « naturellement » à ses services de pourvoir à la distribution. « Quelle distribution ? Vous avez été députée, madame Halimi, vous savez bien qu'il y a à l'Assemblée un comptoir de Distribution des documents pour les députés. Eh bien, c'est la Distribution qui a le rapport... » Un des responsables de la Distribution – avec qui j'avais une relation assez cordiale – m'assura qu'aucun document ne lui était parvenu de Matignon et il entreprit lui-même des recherches – qui établirent que le rapport de l'Observatoire n'était pas mis à la disposition de ceux qui devaient en débattre. A la réunion dudit Observatoire, qui précédait de quelques jours le débat dans l'hémicycle. – c'était le 6 mars –, comme publiquement à deux ou trois occasions, je signalai l'anomalie : « rétention d'un document public, embargo sur le rapport ». Notre rapporteure fut catégorique : « Je m'en suis occupée. Cet après-midi, ou au plus tard demain, la Distribution de l'Assemblée sera fournie en 2 000 exemplaires... » Hochements de tête de confirmation des fonctionnaires du Service des droits des femmes… Le lendemain, mon copain de la Distribution m'appela, comme convenu : « Madame Halimi, rien ! Nous n'avons rien reçu… Je vais refaire des recherches… » De manœuvres en mises en scène, le débat, dont l'élément de base devait être ce rapport, eut lieu sans que ledit rapport fût connu des députés, à l'exception de quelques-uns.

Le débat. Quel débat ? Ce qui se termina tristement dans un hémicycle quasi désert n'en fut pas un. Pas celui que les femmes attendaient, où majorité et opposition auraient proposé au pays des solutions concrètes. On était revenu aux formules générales, au jeu classique des petites apostrophes que l'on veut assassines (pour l'*Officiel des débats*) entre gauche et droite, mais la discussion fut bien vidée de son contenu. On redit à l'envi le constat, les chiffres, la nécessité d'intervenir… Puis on leva le camp. Rideau. Une occasion (historique) manquée.

Aujourd'hui, la parité est embarquée dans la nef de gauche. Aux commandes de cette opération, deux hommes : le Premier ministre et le président de la République.

Jospin et Chirac ont fait connaître leur accord pour modifier la Constitution : une aubaine, en période de cohabitation et en une telle matière. Mais surtout un acquis essentiel. Sans lui, les espoirs en une autre République se dilueraient vite dans les appétits politiciens des hommes du passé.

L'anachronisme, l'exclusion, l'injustice affleurant sous de vertueuses déclarations – faux universalisme, quand tu nous tiens ! – continueraient de mutiler notre système.

L'attente – femmes, citoyens lucides, opinion publique – est forte.

Ce livre reste ouvert pour que s'y dessine, très vite, l'avenir.

Annexes

Annexe n° 1

Décret

MINISTÈRE DE LA SOLIDARITÉ ENTRE LES GÉNÉRATIONS

Décret n° 95-1114 du 18 octobre 1995 portant création d'un Observatoire de la parité entre les femmes et les hommes

NOR : *SPSX9500135D*

Le Président de la République,

Sur le rapport du Premier ministre et du ministre de la solidarité entre les générations,

Vu le décret n° 90-437 du 28 mai 1990 fixant les conditions et les modalités de règlement des frais occasionnés par les déplacements des personnels civils sur le territoire métropolitain de la France lorsqu'ils sont à la charge de l'Etat, des établissements publics nationaux à caractère administratif et de certains organismes subventionnés ;

Le conseil des ministres entendu,

Décrète :

Art. 1er. – Il est institué, auprès du Premier ministre, un Observatoire de la parité entre les femmes et les hommes.

Art. 7. – Le secrétariat de l'observatoire est assuré par le service des droits des femmes.

Art. 8. – L'observatoire peut charger certains de ses membres d'étudier des questions particulières. Il peut consulter ou inviter à ses séances ou aux groupes de travail créés par lui des représentants de l'administration, des associations, des représentants des salariés et des employeurs, des personnalités qualifiées dont l'audition lui paraît utile.

Art. 9. – L'Observatoire de la parité entre les femmes et les hommes est réuni au moins trois fois par an par le président sur proposition du rapporteur général ou à la demande de la majorité des membres.

L'ordre du jour des réunions est fixé par le président, sur proposition du rapporteur général.

Art. 10. – Pour l'exercice de ses attributions, l'observatoire évalue et utilise toutes études existantes et fait réaliser des travaux statistiques et des études, notamment par des administrations de l'Etat. L'observatoire fait connaître à celles-ci ses

Art. 2. – L'Observatoire de la parité entre les femmes et les hommes a pour mission, dans ce domaine, de :

– réunir des données, faire produire et produire des analyses, études et recherches sur la situation des femmes, aux niveaux national et international ;
– favoriser des programmes d'actions tendant notamment à la diffusion des connaissances ;
– éclairer les pouvoirs publics ainsi que les acteurs politiques, économiques et sociaux dans leur décision ;
– faire toutes recommandations et propositions de réformes législatives et réglementaires.

L'observatoire peut émettre des avis sur les projets de textes législatifs ou réglementaires.

Art. 3. – L'observatoire remet, tous les deux ans, un rapport général au Premier ministre. Ce rapport est présenté au Parlement et publié.

L'observatoire rédige également des rapports thématiques.

Art. 4. – L'observatoire est présidé par le Premier ministre ou, par délégation de celui-ci, par le ministre chargé des droits des femmes.

Le président est assisté des ministres concernés par l'ordre du jour, ou de leurs représentants.

Art. 5. – Un rapporteur général est nommé, par décret du Président de la République, pour une durée de trois ans renouvelable une fois, sur proposition du Premier ministre et du ministre chargé des droits des femmes.

Le rapporteur général propose un programme de travail à l'observatoire et en assure la coordination.

Art. 6. – L'observatoire est composé de personnalités, choisies en raison de leur compétence et de leur expérience, nommées pour une durée de trois ans renouvelable une fois, par décret du Premier ministre, sur proposition du ministre chargé des droits des femmes.

Les membres démissionnaires ou décédés sont remplacés. Dans ce cas, le mandat des nouveaux membres expire à la date à laquelle aurait pris fin celui des membres qu'ils remplacent.

besoins afin qu'elles les prennent en compte dans leur programme de travaux statistiques et études.

Art. 11. – Sauf dispositions législatives contraires, les administrations de l'Etat et les établissements publics de l'Etat sont tenus de communiquer à sa demande les éléments d'information et les études dont ils disposent et qui apparaissent nécessaires à l'observatoire pour l'exercice de ses missions.

Art. 12. – Les fonctions des membres de l'observatoire et du rapporteur général sont gratuites ; les frais de déplacement et de séjour sont remboursés dans les conditions prévues par le décret du 28 mai 1990 susvisé.

Ces dispositions sont également applicables aux représentants des organismes mentionnés à l'article 8 ci-dessus.

Art. 13. – Le ministère chargé des droits des femmes prend en charge le fonctionnement de l'observatoire.

Art. 14. – Le Premier ministre, le ministre de l'économie, des finances et du Plan, le ministre de la solidarité entre les générations et le secrétaire d'Etat au budget sont chargés, chacun en ce qui le concerne, de l'exécution du présent décret, qui sera publié au *Journal officiel* de la République française.

Fait à Paris, le 18 octobre 1995.

JACQUES CHIRAC

Par le Président de la République :

Le Premier ministre,
ALAIN JUPPÉ

Le ministre de la solidarité entre les générations,
COLETTE CODACCIONI

Le ministre de l'économie, des finances et du Plan,
JEAN ARTHUIS

Le secrétaire d'Etat au budget,
FRANÇOIS D'AUBERT

ANNEXE N°2

Liste des travaux de Choisir la cause des femmes sur le thème de la parité en politique

COLLOQUES ET CONFÉRENCES

9 novembre 1989	Colloque à PARIS (Sorbonne) ***Le Principe de l'égalité des sexes dans le préambule de la Constitution de 1946*** par Gisèle Halimi (La Documentation française, 1994).
11 février 1990	Rencontre Dialogue de femmes : Conférence-débat sur la femme et la politique
3-8 juin 1990	MONTRÉAL (Canada). Premier sommet mondial sur « Femmes et multidimensionnalité du pouvoir » Exposé : ***Éthique et politique : femmes, une nouvelle citoyenneté*** (Actes du sommet, Édition informatique, 1990.)
1-4 novembre 1992	Université de LA LAGUNA (Tenerife) : Exposé : ***Réforme des institutions des Droits de l'Homme à l'Unesco : la parité*** (*The Reform of International Institutions for the Protection of Human Rights*, Bruxelles, 1993.)

5 février 1993	BONN (Allemagne) : « Femmes et participation politique »
4 et 6 mai 1993	MONTRÉAL et QUÉBEC (Canada) : Conférence : ***Droits de l'homme, droits des femmes : une autre démocratie*** (Éditions Fides, musée de la Civilisation, 1995, collection : « Les grandes conférences ».)
3-4 juin 1993	Colloque international de « Choisir » : « Pour une démocratie paritaire » (Unesco) Exposé : ***Plaidoyer pour une autre démocratie*** Actes du colloque : ***Femmes : moitié de la terre, moitié du pouvoir*** (Gallimard, 1994.)
13-16 décembre 1994	OVIEDO (Espagne) Exposé : ***Une autre démocratie ?*** (Publication « Mujeres al norte », Asturias, 1995.)
8 mars 1995	PARIS (Sorbonne) : ***Avec les femmes, une nouvelle organisation de la société*** (Publication Paris, Édition informatique, 1995.)

DANS LE CADRE DE L'EUROPE (PUBLICATIONS)

17-19 avril 1989	Conseil de l'Europe (Strasbourg) Exposé : ***Les Droits de la Femme ou l'universalité des Droits de l'Homme en question*** (Publication Strasbourg, Arlington NP Engel Verlag, 1990.)
9-11 février 1995	Conseil de l'Europe : ***Égalité ou démocratie : utopie ou défi ?*** Colloque de contribution à la 4e Conférence

	mondiale des Nations unies sur les femmes, Pékin, 4-15 septembre 1995 (Publication du Conseil de l'Europe, 1995.)
	Gisèle Halimi, rapporteure sur : ***Participation égale des individus et des groupes : le défi de la démocratie paritaire*** (Publication Éditions du Conseil de l'Europe, Strasbourg, 1995.)
août 1995	***Plaidoyer pour l'égalité***, par le Conseil de l'Europe Préface de Gisèle Halimi : « Du particulier à l'universel » (Éditions du Conseil de l'Europe, 1995)

4e CONFÉRENCE MONDIALE DES FEMMES
(Pékin, 4-15 septembre 1995)

13 octobre 1994	VIENNE (Conférence préparatoire régionale) Exposé d'ouverture par Gisèle Halimi à l'Assemblée générale des ONG : ***Quelle démocratie pour les femmes ?***
4-15 septembre 1995	PÉKIN (4e Conférence mondiale des femmes) A l'Assemblée générale de la Conférence, exposé de Choisir la cause des femmes : ***Pour un nouvel ordre démocratique*** HOUAIROU (Conférence des ONG : participation active de « Choisir »).

ARTICLES ET INTERVIEWS nombreux, dont

– « Le seul quota qui tienne pour les femmes en politique, c'est 50 % », *La Presse*, Montréal, 6 juin 1990 ;

– « Égalité = Parité », *Le Monde*, 22 avril 1994 ;
– « Un référendum pour les femmes », *Le Monde diplomatique*, octobre 1994 ;
– « Une Europe citoyenne sans les citoyennes ? », par Gisèle Halimi et Éliane Vogel-Polsky, *Le Monde*, 4 mai 1996 ;
– « Parité politique : le combat de Gisèle Halimi », *Nord-Éclair*, 8 mars 1995.

OUVRAGES DE GISÈLE HALIMI
(où le thème de la parité est développé)

– *La Cause des femmes*, préface de la réédition Gallimard, « Folio », 1992 ;
– *Femmes : moitié de la terre, moitié du pouvoir*, Gallimard, 1994 ;
– *Une embellie perdue*, Gallimard, 1995.

ANNEXE N°3

Les procédures et l'avis des grands constitutionnalistes sur la modification de la Constitution

Pour leur permettre de préciser et compléter leur propos, j'avais adressé un questionnaire de droit aux juristes constitutionnalistes auditionnés par l'Observatoire de la parité, à savoir :

– le doyen Georges Vedel,
– le doyen Louis Favoreu,
– le professeur Guy Carcassonne,
– le professeur Francine Demichel,
– le professeur Olivier Duhamel.

Ma question (IV) relative à la procédure de modification de la Constitution était ainsi libellée :

> **1**) L'article 11 vous paraît-il applicable ?
> (« organisation [dans le sens de modification] des pouvoirs publics » [dans le sens de leur composition obligatoire] ?)
> **2**) L'article 89 vous paraît-il plus adéquat ?
> Dans ce cas, la ratification de la loi constitutionnelle par la voie du référendum – compte tenu de l'évolution des mentalités vers une réelle mixité de la décision politique – ne semble-t-elle pas préférable à la procédure de ratification par le Congrès ?
> [Un Congrès où les 3/5 des 95 % d'élus masculins devront se résoudre à voter leur exclusion en masse...]

Voici l'essentiel de leur réponse :

1. Le doyen Georges Vedel

« Cette question me pose un problème de conscience car ma réponse de citoyen et ma réponse de juriste sont à l'opposé l'une de l'autre.

Comme citoyen, je souhaite que la procédure que subirait le projet de révision donne le moins de chance possible à son succès. Dans cette perspective, il est évident que le recours à l'article 89 constituerait pour le projet un parcours du combattant. En effet, il faudrait trouver une majorité dans les deux Chambres, puis une majorité au Congrès ou au référendum selon le cas de figure. L'épreuve serait difficile et peut-être longue. D'autre part, sur le résultat, on peut s'attendre à un difficile succès.

Mais, comme juriste, je dois indiquer que le référendum direct sur un projet de l'exécutif en vertu de l'article 11 de la Constitution telle que l'a interprétée le général de Gaulle dans deux occasions ne peut pas être exclu.

Sans doute nombre de juristes soutiennent la thèse qui avait été soutenue contre le général de Gaulle en 1962, et qui était quasi unanime dans la communauté juridique : à savoir, une révision de la Constitution ne pouvait être opposée que par les voies de l'article 89 à l'exclusion du référendum direct de l'article 11 dont l'emploi ne serait possible que pour l'adoption de lois organiques ou ordinaires.

Mais ce point de vue est aujourd'hui écarté ou, en tout cas, nuancé par un assez grand nombre de spécialistes.

On ne peut qu'évoquer très succinctement les raisons de ce changement dans l'opinion des juristes.

Tout d'abord, le peuple français, par deux fois, a usé de cette procédure. En 1962, ce fut pour approuver le projet de révision du président de la République. En 1969, ce fut pour le rejeter. L'institution paraît être insérée dans une pratique démocratique.

En second lieu, le président de la République (François Mitterrand), qui est aussi l'une des autorités pouvant interpréter la Constitution (article 5), a réservé d'une manière expresse la possibilité d'utiliser en cas de besoin la procédure de l'article 11 pour la révision.

Enfin et surtout, l'objection politique majeure contre l'usage exclusif de l'article 89 subsiste. Tout changement politique dérangeant l'une des deux Chambres se trouve interdit par cette procédure puisque le référendum ne peut être utilisé que sur un texte de révision adopté dans la même teneur par l'Assemblée nationale et par le Sénat.

Le Comité consultatif pour la révision de la Constitution dans son rapport du 15 février 1993 avait été tellement sensible à cette dernière considération qu'il n'avait envisagé la prohibition de l'utilisation de l'article 11 pour une révision constitutionnelle que sous la condition expresse d'une révision concomitante de l'article 89 permettant le recours au référendum sur un projet de révision adopté par l'une ou l'autre des deux Chambres, ce qui permettait au peuple souverain par la voix du référendum d'avoir le dernier mot. »

2. Le doyen Louis Favoreu

« 1) La voie de l'article 11 est pour moi inutilisable pour modifier la Constitution, quels que soient les cas de figure. C'est l'avis que j'ai notamment exprimé au sein du Comité consultatif pour la révision de la Constitution.

2) La voie de l'article 89 est la seule utilisable pour réaliser la réforme. Et, dans ce cas, le référendum est sans doute plus approprié pour confirmer le vote de chacune des deux Assemblées que le vote du Congrès. »

3. Le professeur Guy Carcassonne

« L'article 89 laisserait fort peu de chances d'atteindre l'objectif. Indépendamment même du problème de la majorité des trois cinquièmes du Congrès, il suppose, au préalable, l'adoption en termes identiques par les deux Assemblées, qui ne se produirait sans doute jamais.

L'article 11, indépendamment du champ qu'il donne au référendum, n'est normalement pas utilisable pour réviser la Constitution (justement parce que, à cette fin, une procédure particulière est explicitement prévue par l'article 89, qui n'aurait aucun sens si on pouvait recourir à l'article 11).

Toutefois, le précédent créé par de Gaulle en 1962 est utilisable. Rien ne justifie que chacune des Assemblées puisse indéfiniment faire échec à une révision que pourrait vouloir une large majorité des Français. Aussi bien, même si la chose est juridiquement contestable, elle ne l'est ni politiquement, ni démocratiquement, ni moralement, et le court-circuit par l'article 11 serait tout à fait approprié, pour peu qu'il se trouve un président de la République prêt à en prendre l'initiative... »

4. Le professeur Francine Demichel

« Une loi référendaire serait souhaitable comme procédure d'établissement de la parité. Et cela pour deux raisons :

L'utilisation de l'article 11 est juridiquement possible. Les règles sur la parité ou sur les quotas entrent tout à fait dans le champ du référendum de l'article 11 de la Constitution. Il s'agit bien en effet de l'organisation des pouvoirs publics.

L'article 11 a soulevé, et doit encore soulever, les plus expresses réserves si l'on veut en faire un mode de révision de la Constitution en le substituant à l'article 89 de la Constitution. Mais dans la mesure où une loi constitutionnelle n'est pas nécessaire (voir *supra*), le recours à l'article 11 ne soulève plus aucune objection. Et, du même coup, cela éliminerait tous les obstacles qu'il est tout à fait légitime de vouloir contourner :

– l'opposition parlementaire qui serait certaine au Sénat, vraisemblable à l'Assemblée nationale. Il n'est, en effet, pas possible de parier sur l'abnégation d'une Assemblée à laquelle, compte tenu de son caractère presque exclusivement masculin, on demanderait de retrancher presque la moitié de ses membres ;

– la censure du Conseil constitutionnel n'est pas applicable aux lois référendaires, de jurisprudence constante. Ainsi épargnerait-on au Conseil constitutionnel de réitérer un veto qui ne se fonde pas en l'espèce sur une lecture du texte mais sur une conception complètement dépassée de la représentation politique. Comme je l'ai démontré dans mon article paru dans la revue *Dalloz*. »

5. Le professeur Olivier Duhamel

« Chère Gisèle Halimi, pardonnez-moi de ne pas prolonger ma contribution au débat sur la parité par une réponse à votre questionnaire, mais le temps me manque trop.

Bien à vous. »

Annexe n°4

Les sondages sur la participation des femmes à la vie publique

Quelques rappels de récents sondages :

• IFOP / Ministère des Affaires sociales, de la Santé et de la Ville, et Service des droits des femmes, réalisation du 28 mars au 11 avril 1994 auprès d'un échantillon de 1 502 personnes représentatif de la population française (hommes et femmes âgés de 25 à 34 ans).

62 % des personnes interrogées sont pour l'inscription dans la Constitution du principe de parité.

• IFOP / L'Express, réalisation les 29 et 30 mai 1996 auprès d'un échantillon de 1 002 personnes représentatif de la population française âgée de 15 ans et plus.

71 % des personnes interrogées sont pour la parité, 82 % pour un référendum sur la parité.

• CSA / Elle, réalisation les 23 et 24 septembre 1996 auprès d'un échantillon de 527 femmes représentatif de la population féminine française âgée de 18 ans et plus.

59 % des personnes interrogées sont pour l'introduction de quotas.

• IPSOS / France 2, réalisation les 25 et 26 octobre 1996 auprès d'un échantillon de 953 personnes représentatif de la population française âgée de 18 ans et plus.

64 % des personnes interrogées sont pour le principe des quotas.

• IFOP / L'Express, 6-7 novembre 1996.

86 % des personnes interrogées sont pour l'instauration institutionnelle de la parité[1].

1. Détails et fiches des Instituts, voir *Rapport de l'Observatoire de la parité*, vol. 2, p. 465-496.

Bibliographie

– *Histoire du féminisme français du Moyen Age à nos jours*
Maïté Albister et Daniel Armogathe, Paris, Éd. Des femmes, 1977.

– *Histoire des femmes*
Georges Duby et Michelle Perrot, Paris, Plon, 1991-1992, 5 vol.

– *Rapport de l'Observatoire de la parité sur les femmes et les hommes dans la vie politique*
Gisèle Halimi (vol. 1) ; Les auditions (vol. 2 et 3), Service des droits des femmes, janvier 1997.

– *Nouvelles Questions féministes*
« La parité "contre" », vol. 16, n° 2, mai 1995.

– *Rapport sur les idéaux démocratiques et les droits des femmes*
E. G. Sliedewski, Séminaire Conseil de l'Europe, 1989.

– *Rapport public du Conseil d'État 1996*
« Sur le principe d'égalité », Paris, La Documentation française.

Table

Du même auteur

Djamila Boupacha
préface de Simone de Beauvoir
dessin original de Picasso
Gallimard, 1962 et rééditions

Resistance Against Tyranny
(en collaboration)
Londres, E. Heimler, 1966

Le Procès de Burgos
préface de Jean-Paul Sartre
Gallimard, « Témoins », 1971

Le Programme commun des femmes
(en collaboration)
Grasset, 1978

Le Lait de l'oranger
Gallimard, 1988, « Folio », 1990

La Cause des femmes
Grasset, 1974
Gallimard, « Folio », 1992

Une embellie perdue
Gallimard, 1994

EN COLLABORATION AVEC CHOISIR LA CAUSE DES FEMMES

Avortement : une loi en procès. L'affaire de Bobigny
Préface de Simone de Beauvoir
Gallimard, « Idées », 1973

Viol : le procès d'Aix-en-Provence
Gallimard, « Idées », 1978

Choisir de donner la vie
Gallimard, « Idées », 1979

Quel président pour les femmes ?
Gallimard, « Idées », 1981

Fini le féminisme ?
Gallimard, « Idées », 1984

Femmes : moitié de la terre, moitié du pouvoir
Gallimard, 1994

RÉALISATION : PAO ÉDITIONS DU SEUIL
IMPRESSION : BUSSIÈRE CAMEDAN IMPRIMERIES À SAINT-AMAND (CHER)
DÉPÔT LÉGAL : NOVEMBRE 1997. N° 31973 (1/2848)